Atenta mente, el caos

VALERIA SANDOVAL

Atenta mente, el caos

Un *journal* para sentir, conectar y vivir una vida más presente

Montena

MIXTO
Papel | Apoyando la silvicultura responsable
FSC® C199593

Penguin Random House Grupo Editorial

Título original: *Atentamente, el caos*
Primera edición: octubre, 2025

Carrera 7ª No.75-51. Piso 7, Bogotá, D. C., Colombia
PBX: (57-601) 743-0700

Diseño de cubierta: Penguin Random House Grupo Editorial / Lorena Calderón Suárez
Recursos gráficos: © Freepik

Impreso en Colombia-*Printed in Colombia*

ISBN: 978-628-7688-58-2

Impreso por Editorial Nomos, S.A.

Contenido

INTRODUCCIÓN 9

LAS FASES DE LA LUNA **15**

PRIMERA FASE: EL NACIMIENTO
LUNA NUEVA: EL AUTOCONOCIMIENTO 23

PRIMERA FASE: EL DESCUBRIMIENTO DE UNA PASIÓN
LUNA NUEVA: EL AUTOCONOCIMIENTO 51

SEGUNDA FASE: MAMÁ Y PAPÁ
LUNA CRECIENTE: LAZOS Y CONEXIONES 73

SEGUNDA FASE: LA ADOLESCENCIA
LUNA CRECIENTE: LAZOS Y CONEXIONES 95

TERCERA FASE: CRECER, MUDARSE, GRADUARSE Y MIGRAR
LUNA LLENA: LA TRANSFORMACIÓN 115

TERCERA FASE: LOS TRES AMORES DE TU VIDA
LUNA LLENA: EL ENAMORAMIENTO 137

CUARTA FASE: TUS 20
LUNA MENGUANTE: PROPÓSITO Y REFLEXIÓN 161

CUARTA FASE: RENACER
LUNA MENGUANTE: PROPÓSITO Y REFLEXIÓN 183

INTRODUCCIÓN

Las mejores cosas de la vida y de tu ser surgirán después de enfrentar el caos y la oscuridad.

Justo antes de nacer, en el vientre materno, estamos sumergidos en un entorno de total oscuridad. Desde esa incapacidad de ver, emergemos a la vida, a la luz. Nos iluminamos. Salimos del no saber para descubrir, para descubrirnos, en esta historia que se llama vida.

El espacio, el fondo del mar, los túneles y las cuevas... todos ellos son lugares fascinantes y llenos de misterio y, a la vez, todos son oscuros. Sin embargo, hemos crecido creyendo que la claridad solo existe en la luz, que solo brillamos cuando todo está en orden, cuando nuestra mente está en calma, cuando nos sentimos bien, cuando nos suceden cosas maravillosas. Pero no es así.

De los momentos alegres nos queda, simplemente, la alegría y el gozo. Pero, en mi caso, las ideas más brillantes que he tenido, mi creatividad, mis talentos y mis mayores transformaciones han surgido en la oscuridad, en el caos, en el desorden, en los momentos más difíciles. Es ahí, en los momentos en los que me he sentido perdida, sola, incómoda, frustrada e inestable donde realmente me he puesto a prueba. Y, como en un acto de supervivencia, he sacado lo mejor de mí, he descubierto lo que siempre ha estado ahí y he podido sacarlo a la luz para finalmente brillar.

No tengo dudas de que la oscuridad y el caos me han dejado lo mejor de mí. Este libro es prueba de ello. Hace un tiempo pasé por una temporada caótica, cambiante y profundamente triste, en la que entendí que no podía sanar mis heridas ni cambiar ciertas situaciones que estaban fuera de mi control, pero sí podía transformarlas. Así como la luna cambia de fase, crece y mengua sin jamás quedarse igual, nosotros tampoco podemos permanecer siempre iguales.

La realidad es que estamos hechos para evolucionar y transformarnos.

* * *

Gran parte de mi vida he estado expuesta a los medios, a las redes sociales, pero, aun así, durante mucho tiempo intenté ocultar mi oscuridad. La tapaba, la disimulaba, la negaba. Sentía que no quería compartir lo que me estaba pasando con nadie. Hasta que un día no pude más. Me enfrenté a mi propio reflejo y vi todo lo que no quería ver. A muchos no les gustó, ni les ha gustado, pero hoy estoy segura de que ha sido necesario. Solo así pude renacer y volver a brillar, esta vez ante mí misma, la espectadora más importante.

Hoy te entrego mi autoayuda, un manual en el que no intentarás tapar u ocultar tu oscuridad para estar bien, sino todo lo contrario, encontrarás herramientas que ya existen en ti misma para sanar esas cosas que no han sido fáciles en tu vida, tendrás conversaciones contigo misma y, con mucho coraje, harás de tu caos una obra maestra.

Entender los sentimientos de alguien más es todo un arte, pero no todo el mundo es un artista.

Es muy probable que tengas muchas preguntas en este momento, ¿qué es exactamente un *journal*? ¿Qué materiales necesito? Con tantas cosas que tengo por hacer, ¿cuál puede ser el mejor momento para conectarme con mi *journal*? ¿Debo compartir mi proceso de escritura con otras personas? Y, por último, ¿cómo funciona este *journal*?

No te preocupes, aquí estoy yo para acompañarte y responderlas todas.

¿Cómo funciona este *journal*?

Este *journal* está inspirado en la luna porque, al igual que ella, vivimos en ciclos. Nuestra energía cambia, nuestras emociones fluctúan, brillamos y nos apagamos y todo eso hace parte del proceso. La luna no pide permiso para transformarse, simplemente lo hace. Y eso es lo que harás aquí: permitirte cambiar, moverte con tu propio ritmo y descubrirte en cada fase. Ten presente que este no es un *journal* tradicional. No hay capítulos, sino que el contenido estará dividido en cuatro fases lunares, cada una con un propósito claro. Cada ejercicio tiene un fin y cada día cuenta. No se trata solo de reflexionar, sino de comprometerte contigo misma, porque la transformación no ocurre si no la atraviesas.

Y ahora te preguntarás, ¿cómo identificar la fase de la luna? A continuación, te lo explicaré.

LAS FASES de la luna

Como ya lo sabemos, las mujeres experimentamos ciclos de 28 días, tal como sucede con la luna. En cada etapa de cambio de la luna, ella se transforma, inicia un nuevo ciclo y a la vez lo termina, y este proceso se repite infinitamente. Como mujer me he sentido siempre muy conectada con la luna por esta similitud que se ve reflejada con nuestro ciclo menstrual, sin embargo, creo que al final no importa si eres hombre o mujer, pues el cambio, la transformación y la evolución son una parte totalmente inherente a nuestra naturaleza humana. Así como la luna afecta la marea, ¿por qué no nos puede afectar de la misma forma a nosotros? Las fases de la luna nos ayudan a reconocer facetas de nuestra personalidad en cada etapa. Ahora sí, vamos a profundizar en cada una de las etapas.

Luna Nueva

Aquí es donde todo comienza. Es el momento de la introspección, del autoconocimiento y de la conexión con tu intuición. Durante esta etapa vas a escribir sobre lo que sientes, sobre lo que necesitas y lo que estás lista para sembrar. Este es el primer paso hacia la transformación.

Recuerda que no todo lo que no tiene luz deja de brillar y a veces es justo en la oscuridad donde más nos permitimos respirar. Ahí, cuando estamos lejos del ruido, de las expectativas, de los espejos... es donde empezamos a vernos de verdad. Donde no hay reflejo que nos interrumpa.

Luna Creciente

Es momento de moverte. Aquí trabajaremos en la acción, en la disciplina emocional y en la confianza en ti misma. Es probable que durante esta etapa te enfrentes con bloqueos, sueltes excusas y te cueste atreverte a hacer lo que sabes que necesitas. Recuerda que el cambio no ocurre si te quedas en el mismo lugar.

¿Y si gran parte de lo que llamas "yo" no lo construiste tú? Tu forma de amar. Tu forma de callar. Tu forma de reaccionar. Lo que toleras. Lo que pides. Lo que escondes. La realidad es que mucho de lo que habita en ti no lo decidiste, simplemente lo recibiste.

Luna Llena

Este es el momento en el que todo se revela. Lo que evitaste ver ahora brilla con fuerza. Reconoceremos logros y fracasos, trabajaremos en la gratitud y aprenderemos a abrazar la vulnerabilidad. No puedes sanar lo que no aceptas, y esta fase te mostrará lo que realmente está dentro de ti.

Hay momentos en los que ya no puedes esconder nada. Ni ante los demás ni ante ti. Lo que durante mucho tiempo has tratado de controlar empieza a desbordarse. Y no es porque seas débil, sino porque has crecido demasiado como para quedarte en el mismo lugar.

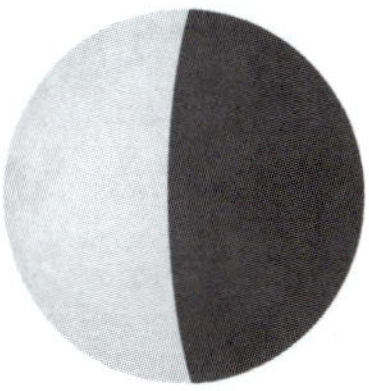

Luna Menguante

Aquí aprendemos a soltar. Esta fase de la luna tiene que ver con el desapego, con el cierre de ciclos y con la sanación de lo que ya no necesitas. Para que algo nuevo nazca, algo viejo tiene que irse. No se trata de olvidar, sino de liberar.

En un principio todo fue caos. No desorden ni error. Caos como el origen, como un impulso, como una necesidad de cambio. Porque todo lo que duele transforma y todo lo que transforma, tarde o temprano, pide ser comprendido.

¿Cómo identificar las fases de la luna?

Cada fase lunar tiene una duración de 42 días porque todo lo nuevo necesita tiempo para enraizarse.

21 días para sembrar un hábito, 21 más para hacerlo parte de ti.

A lo largo de este tiempo recorrerás un camino que no es lineal, sino cíclico. Cada capítulo viene con preguntas que te harán reflexionar, dinámicas que te desafiarán y ejercicios que solo tendrán sentido si decides comprometerte contigo misma.

Al iniciar cada fase lunar, encontrarás una pequeña parte de mi historia personal para que puedas ver de qué manera este proceso me ha ayudado a sanar y a avanzar con firmeza en mi propio camino. Recuerda que no estás sola en este proceso; mis palabras están aquí para guiarte, para recordarte que lo que sientes es válido, que el cambio es parte del camino y que cada paso cuenta. Que no importa qué tan justificado esté tu dolor, el dolor es dolor para el que lo siente. Escribir en este *journal* no es solo un acto de introspección, es un acto de valentía.

Ahora sí, entremos en el caos. Empecemos.

Luna Nueva

La luna nueva es eso: “presencia sin exhibición”. Su nombre viene del latín *novus*, que significa “nuevo”, “recién nacido”. Y en la mayoría de las culturas antiguas este momento era considerado como algo sagrado. En la cosmovisión indígena mesoamericana se creía que el ciclo de la vida se tejía en sincronía con las fases de la luna. Los griegos la asociaban al regreso al útero, a la pausa necesaria antes de crear. Para muchas abuelas, como la mía, era el tiempo de parar, de tocar la tierra, de escuchar sin prisa.

Porque antes de cualquier cosa, hay silencio. Y en ese silencio, algo empieza a agitarse.

El recuerdo de haber llegado al mundo sin saber por qué. Ese primer instante donde alguien te nombró antes de que tú pudieras hacerlo. Tu primer caos: nacer. Y un tiempo después, cuando ya empezabas a sostenerte, algo te hizo latir de manera distinta. Una sensación que no pedía permiso ni explicación. Una fascinación, un impulso. El primer amor verdadero que no fue una persona, sino una urgencia por moverte, por crear, por existir a tu manera.

Eso que después llamaste pasión, pero que desde el inicio ya sabías que te habitaba. En esta fase no necesitas entenderlo todo. Solo quédate ahí, entre lo que empieza a emerger y lo que no aún no se puede nombrar del todo. Eso, eso ya es autoconocimiento.

PRIMERA FASE

El nacimiento

Luna Nueva

El autoconocimiento

"No puedes unir los puntos mirando hacia delante, solo puedes unirlos mirando hacia atrás".

Steve Jobs

UN 20 DE SEPTIEMBRE DE 1996 nació en la ciudad de Cali, Colombia, una niña llamada Valeria. Yo. Mucho gusto si aún no me conoces y, si sí, te abrazo fuerte y te saludo. Me siento feliz de que estés aquí conmigo, gracias por darte este momento.

Creo que hablar sobre ti misma es una de las cosas más difíciles, pero hoy lo quiero intentar, no solo por mí, sino también por ti. A veces, cuando escuchamos las historias de otros, agradecemos cosas de nuestra vida, reflexionamos, nos sentimos menos solos, ya que, por alguna razón, sentimos que cuando pasamos por momentos difíciles nadie más a nuestro alrededor vive algo así, pero la verdad es que sí, entonces... aquí vamos.

Mis papás me cuentan que mi nacimiento fue esperado y emocionante para ellos, aunque en realidad el embarazo llegó de manera muy inesperada, pues mi mamá tan solo tenía 16 años y mi papá estaba en sus veintes. ¿El resultado? Hija de dos jóvenes muy enamorados y poco responsables.

Jajajaja. Ah, y bailarines de salsa por diversión, muy caleños y extremadamente auténticos, cada uno en su forma.

A pesar de su edad, mis papás nunca me hicieron sentir que fui un error, aunque constantemente lo piense, lo dude y me compare con otras personas. Cuando era niña, me sentía rara viendo a las familias de mis amigos, que sí se parecían a los papás que veía en las películas, y en cambio, a los míos los veía tan jóvenes y distintos. Tanto así que mi mamá me cuenta que de chiquita le preguntaba: “Ma, ¿por qué los otros papás se ven tan viejos?”. Era extraño para mí entenderlo en ese momento y confieso que todavía a veces me cuesta.

A pesar de lo jóvenes que eran mis padres, no fui nada rebelde. Siempre hice caso y, por el contrario, buscaba ser una niña excelente en todo para conseguir su aprobación constante. Esto es algo que, en mi vida adulta, lejos de mis papás, se repite constantemente en la forma en la que me relaciono con otros. Siempre quiero agradarle a todo el mundo, digo que sí cuando quiero decir no y malgasto mi tiempo satisfaciendo a otros para sentirme validada. Pero con el tiempo he aprendido que en la vida es imposible agradarle a todo el mundo. Por más que lo he intentado, siempre algo falla. Sobre todo, en aquellos días en los que llego a mi casa, me miro en el espejo y no me agrado. A veces no me reconozco, y eso es tremendamente doloroso. Si alguna vez te ha pasado, podrás entenderme.

No sé exactamente qué me hizo ser de esa manera; la culpa no fue de mis padres, quizás del contexto o quizás solo nací así y ya está. Tal vez un psicólogo lo explicaría mejor, pero seguro algo de mi propia historia me hizo darle demasiada importancia a lo de afuera, a la opinión de los demás, a la necesidad de agradar, de mostrar y de tener. Llegar a mi vida adulta ha implicado no solo enfrentar mi oscuridad, sino también reparar esos vacíos que, por alguna razón, se instalaron en mí y hoy me hacen ser caótica.

Hace poco me rebelé contra este mandato autoimpuesto. Empecé a decirle a mi familia cosas que no me gustaban, especialmente a mis padres. Dejé de aceptar trabajos que me hacían sentir mal. Me alejé de amistades que no me daban lo que yo creía que merecía. Puse límites. Obviamente, a muchos no les gustó, seguro se enojaron o no estuvieron de acuerdo. A mí también me dolió. Con muchos, fui severa, incluso extrema. Ha sido literalmente un caos empezar a entender mejor mis necesidades y mis emociones. Pero lo que sí te puedo decir es que descansé. Descansé de tanta autoexigencia, de una carga que llevaba toda mi vida. Una carga que había construido desde la infancia en mi búsqueda por la validación de mis padres y de cualquier persona que se cruzara por mi camino.

En tu caso, ¿cómo sientes que la relación con tus padres ha moldeado la persona que eres hoy en día?

La verdad es que así nos pasa a todos. Lo que ocurre en nuestra infancia nos marca, ya sea una situación menor o algo muy grave que hayas tenido que enfrentar. La realidad es que no desaparece, por el contrario, se nos presenta en nuestra vida adulta hasta que nos hacemos cargo y lo sanamos y transformamos.

Hoy puedo decirte que mi necesidad de hacer arte nació de esto mismo. Necesitaba desahogarme y encontrar un escape a mi realidad, a mi vida familiar, que, aunque estuvo siempre llena de amor, también fue desordenada y solitaria. En el arte encontré no solo un refugio, sino también la posibilidad de ser vista.

A veces creemos que nuestros sueños existen simplemente porque somos buenos en algo y lo disfrutamos, pero la verdad es que los sueños tienen siempre un significado más profundo. Hay algo que nos mueve, y no es solo el placer y el buen resultado de ellos. La mayoría de las veces, buscamos sanar algo a gritos. Así me pasó a mí. El arte nació en mí para darle un giro a mi soledad.

No importa qué tan normal o anormal sea tu familia o en qué ambiente hayas crecido, siempre habrá algo en tus circunstancias que complicará tu vida a medida que creces. Tanto si tus padres no estuvieron juntos como si sí estaban y peleaban con frecuencia. Tanto si eran amorosos y evitaban el conflicto como si uno de ellos nunca estuvo presente. Si había mucho dinero, si había poco. Todo nos marca en lo bueno y en lo malo. Es la vida.

Hoy en día mis padres también me cuentan las cosas difíciles que vivieron y cómo las transformaron. Mi mamá dice que jamás hubiera sido actriz ni hubiera tomado tantos riesgos si yo no hubiera llegado a su vida de forma anticipada. Antes de mí no se sentía capaz, pero cuando me tuvo, a pesar de ser tan joven, eso le dio seguridad y motivación para lograr cualquier cosa que soñara.

Mi papá consumió drogas toda su vida, tomó malas decisiones y se perdió de muchas cosas. Pero, años más tarde, cuando se recuperó, montó una fundación para ayudar a rehabilitar gente. Hoy no solo salvó su vida, sino que ayuda a muchas otras a salvarse. Caminos dolorosos y complejos, pero que al mismo tiempo dan sentido a nuestra historia y a la de quienes se cruzan con nosotros; nos da propósito.

Recuerda que la clave no es solo aceptarlo, sino también entender que esto no te define. Es parte de tu historia y de lo que eres, pero no debe determinar quién eres hoy. Abraza tu caos, tus miedos y vuélvelos una razón para llegar a tu destino.

Querida amiga:

La infancia de todas las personas ha sido retadora. Desde los que tuvieron una familia tranquila, con padres presentes y sin carencias materiales, hasta los que vivieron en un hogar desordenado, con ausencias y conflictos. Pensar que alguien tuvo una infancia perfecta es como pensar que alguien es perfecto o que una relación amorosa puede llegar a serlo también. Sabemos que eso no existe.

Así tengamos recuerdos maravillosos de nuestra infancia (porque todos los tenemos), lo importante es poder analizarla, haya sido increíble, bonita, normal o difícil. Entender que crecimos bajo los paradigmas y creencias de otros, que pueden gustarnos hoy o no.

No es necesario ser un rebelde ni mirar feo a la familia por cada cosa. Seguro hay valores que te sirven, pero tampoco debes aceptar todo como regla de oro. Debes elegir tus propias creencias y pensamientos hoy, aunque con seguridad en diez o veinte años no serán los mismos.

Tu nacimiento

Esta primera etapa es ideal para reflexionar, para responder muchos interrogantes que pueden ayudarnos a iniciar en el camino del autoconocimiento y de la sanación. Para lograrlo, te invito a que encuentres un espacio tranquilo, sin ruidos ni distracciones y respondas desde el corazón las siguientes preguntas:

Piensa en un recuerdo de tu infancia que preferirías olvidar:

....

....

....

....

....

¿Cómo te sientes física y emocionalmente al recordarlo y escribirlo?

....

....

....

....

....

¿Te sientes de esa manera en este momento de tu vida?

....

....

....

....

Gratitud en medio del caos

Hay algo fundamental en este proceso y es tener siempre presente la gratitud. Agradecer es una de las acciones más poderosas que puedes implementar en tu rutina diaria.

Ahora es tu turno.

Escribe tres cosas que agradezcas de tu infancia (incluso si fueron retos difíciles y dolorosos de afrontar).

1. ....
....
2. ....
....
3. ....
....

Elige tres cosas que te enseñaron tus padres, tu familia o el entorno que te acompañó en tu infancia y que deseas conservar.

1. ....
....
2. ....
....
3. ....

En esta página, dibuja o escribe los patrones negativos que sientes que heredaste, luego desprendela y destrúyela como quieras.

En esta página, dibuja algo que te haya gustado mucho en tu infancia. Recorta la página y consérvala en un lugar visible y sagrado para ti.

Ya volviste al origen
y, aunque duela, volver
siempre te ordena.
Cruzas el puente que va
del silencio a la chispa,
porque lo que es real no se
busca, se recuerda.
Lo que te hace volver a ti
una y otra vez no siempre
tiene explicación, pero sí
intención.
Y en esa claridad que
apenas despierta… nace tu
verdadera pasión.

En las páginas que encontrarás
a continuación podrás escribir y
plasmar tus avances con este *journal*.
Y en el código QR podrás descargar
más páginas para completar así cada
ciclo lunar.

LUNA NUEVA

L M M J V S D

/ /

No tengas miedo de sentarte en la primera fila de tu vida

Hoy estoy agradecida por:

-
-
-

Miedo que quiero enfrentar hoy:

-
-
-

Momento favorito del día

Afirmaciones
¡Háblate bonito!

Lo que aprendí hoy fue...

PM

LUNA NUEVA

L M M J V S D

/ /

No tengas miedo de sentarte en la primera fila de tu vida

Hoy estoy agradecida por:

*
*
*

Miedo que quiero enfrentar hoy:

*
*
*

Momento favorito del día

Afirmaciones
¡Háblate bonito!

Lo que aprendí hoy fue...

PM

LUNA NUEVA

L M M J V S D

/ /

No tengas miedo de sentarte en la primera fila de tu vida

Hoy estoy agradecida por:

*
*
*

Miedo que quiero enfrentar hoy:

*
*
*

Momento favorito del día

Afirmaciones

¡Háblate bonito!

Lo que aprendí hoy fue...

PM

LUNA NUEVA

L M M J V S D

/ /

No tengas miedo de sentarte en la primera fila de tu vida

Hoy estoy agradecida por:

-
-
-

Miedo que quiero enfrentar hoy:

-
-
-

Momento favorito del día

Afirmaciones
¡Háblate bonito!

Lo que aprendí hoy fue...

PM

LUNA NUEVA

L M M J V S D

/ /

No tengas miedo de sentarte en la primera fila de tu vida

Hoy estoy agradecida por:

*
*
*

Miedo que quiero enfrentar hoy:

*
*
*

Momento favorito del día

Afirmaciones
¡Háblate bonito!

Lo que aprendí hoy fue...

PM

LUNA NUEVA

L M M J V S D

/ /

No tengas miedo de sentarte en la primera fila de tu vida

Hoy estoy agradecida por:

*
*
*

Miedo que quiero enfrentar hoy:

*
*
*

Momento favorito del día

Afirmaciones
¡Háblate bonito!

Lo que aprendí hoy fue...

PM

LUNA NUEVA

L M M J V S D

/ /

No tengas miedo de sentarte en la primera fila de tu vida

Hoy estoy agradecida por:

*
*
*

Miedo que quiero enfrentar hoy:

*
*
*

Momento favorito del día

Afirmaciones
¡Háblate bonito!

Lo que aprendí hoy fue...

PM

LUNA NUEVA

L M M J V S D

/ /

No tengas miedo de sentarte en la primera fila de tu vida

Hoy estoy agradecida por:

★

★

★

Miedo que quiero enfrentar hoy:

★

★

★

Momento favorito del día

Afirmaciones
¡Háblate bonito!

Lo que aprendí hoy fue...

PM

LUNA NUEVA

L M M J V S D

/ /

No tengas miedo de sentarte en la primera fila de tu vida

Hoy estoy agradecida por:

*

*

*

Miedo que quiero enfrentar hoy:

*

*

*

Momento favorito del día

Afirmaciones

¡Háblate bonito!

Lo que aprendí hoy fue...

PM

PRIMERA FASE
(CONTINUACIÓN)

El descubri-miento de una pasión

Luna Nueva
El autoconocimiento

"Tu pasión te va a encontrar: yo no elegí cantar, el canto me eligió a mí y tuve que ser muy valiente para seguirlo".

Beyoncé

Me acuerdo perfectamente de la primera vez que nos conocimos. Tenía cuatro años y aún vivía en Cali. Una tarde, estaba caminando con mi mamá cuando, a lo lejos, vi una casa enorme y blanca que tenía pegadas en la reja principal fotografías de niñas vestidas de rosado con sus tutús. Era una academia de *ballet*. Le rogué a mi mamá que me inscribiera y ella lo hizo. No recuerdo con claridad cómo eran las clases, pero sí el traje que me ponía cada ocho días, las veces en las que cruzaba la calle de la mano de mi mamá para llegar a tiempo, el salón, las profesoras...

Por diferentes razones no terminé siendo bailarina de *ballet* (creo que es mi sueño frustrado) y mi destino me llevó por otro camino, bailando un género totalmente contrario. Pero fue EL BAILE el primer amor que conocí aquel día. No recuerdo haber aprendido a caminar o a hablar, pero sí a bailar. De alguna manera, siento que nací bailando. Mi mamá me decía *Happy Feet*. Una amiga de mi papá le advirtió, cuando me veía en las fiestas de niños siempre bailando y no jugando, que no ahorrara para la universidad, que lo mío sería el baile. En fin, hay millones de anécdotas en la familia sobre cómo siempre andaba bailando.

Crecí, tomé millones de clases de baile. Durante toda la etapa en el colegio tenía clases por las tardes hasta que me gradué y ahí paré de bailar por un tiempo. Decidí que quería solo actuar y dedicarme a eso, pero la realidad es que tú no eliges tu pasión; ella te elige a ti.

Cuando pensé que lo podía controlar, me fui de Colombia. Dejé de bailar durante más o menos un año y medio. Llegué a Estados Unidos pensando que mi meta era ser una actriz que además bailara muy bien. Sin embargo, a veces tu destino está escrito y por más que intentes hacer las cosas en el orden que quieres, no sucede así.

Me pasó algo que hoy veo como un milagro. Me crucé con una venezolana que iba a abrir una academia de baile. Me invitó a su inauguración donde habría una audición para ser parte del equipo de baile profesional. Yo fui y audicioné feliz, pero lo hice más porque me gustaba bailar que por tener el objetivo real de ser aceptada en el equipo. No pasé la audición. El nivel de baile en Estados Unidos es muy superior, pero no importó. Disfruté tanto esa audición que me fui feliz. Eso siempre me pasa con el baile, lo disfruto.

Al otro día —y esta es la parte que me parece milagrosa— me llama esta hermosa mujer y me dice que quiere hablar conmigo. Me dijo lo siguiente:

—Sé que todavía puedes mejorar muchas cosas de tu danza, pero veo en ti algo muy especial, algo que casi no veo en otros. Quiero decirte que estás en el grupo y que tienes una beca para entrenar semanalmente en la academia.

Wow. Creo que este fue el comienzo de uno de los capítulos más importantes de mi vida y que años más tarde me regalaría esta característica por la que muchas personas hoy en día me reconocen: "la que baila".

Honestamente, creo que, si no me hubiera ganado esa beca, si no me la hubieran dado, no sé si le habría dedicado tanto de mi vida al baile, si hubiera empezado a hacer videos y a tomarlo tan en serio y con tanto respeto. Porque una cosa tengo clara: el baile tomó mi vida. Todo lo que tengo—al menos por ahora—me lo ha dado el baile, y es increíble mirar atrás y ver cómo lo que empezó como una pasión se volvió mi camino entero.

Empecé a grabar contenido para redes sociales y desde entonces soy conocida como "la que baila". Nunca soñé con ser bailarina ni con destacarme en algo así. Siento que es más profundo. Soy alguien que baila por la vida y no puede evitarlo. Aunque lo intentara mil veces, no podría dejarlo: mi alma baila.

Todo esto te lo cuento para que sepas que cuando encuentras tu pasión, sea la que sea, debes guardarla como tu mayor regalo del universo, porque le dará sentido y emoción a tu vida. A veces puedes ganar dinero con ello, otras veces no, pero lo importante es proteger tu relación con tu pasión a toda costa.

A veces tus pasiones se revelan muy rápido; otras, tardan más tiempo en llegar. No importa. Lo importante es que no dejes de buscar. Yo, por ejemplo, hoy deseo encontrar nuevas pasiones, porque la vida cambia. Mi cuerpo y mi energía han cambiado, así que necesitamos nuevas formas de mantener nuestra identidad. Justo estoy ahí de nuevo, buscando nuevas cosas para sentirme viva. Creía que era algo que solo se hacía una vez, pero la verdad es que no. Nunca dejaremos de buscar. La vida es una búsqueda. A veces parece agotadora, pero en realidad es lo que hace que vivir sea emocionante.

Querida amiga:

No todos tienen la fortuna de trabajar con sus pasiones y vivir de ello. Sin embargo, aunque no lo creas, también hay un reto cuando eres tan privilegiada. Porque cuando vives de algo que amas y que seguro empezó como un juego, la pasión pierde parte de su esencia. La magia que al inicio te movía y te daba felicidad empieza a desaparecer porque entran en juego la responsabilidad, la competencia y el temor.

Así que, si no vives de tu pasión o de algo que te guste hacer mucho, trata de acercarla a tu trabajo de alguna forma. Y si vives de tu pasión (como yo), entiende hasta qué punto es un trabajo y hasta dónde sigue siendo tu refugio. Aprende a poner límites a ciertas responsabilidades laborales para que no pierda su sentido. Por ejemplo, hace un tiempo me di cuenta de que solo bailaba cuando había un trabajo de por medio, es decir, un ensayo, una presentación, un video, pero que ya casi no lo hacía por gusto o educación. Así que por eso empecé a hacer más cosas en el mundo de las redes sociales, que al final es mi trabajo, porque me rehúso a perder la felicidad genuina que me da el baile.

Y, sobre todo, y esto es en lo que más trabajo ahora mismo, busca nuevas pasiones. Pasiones que no quieras monetizar, que no quieras llevar al trabajo. Algo que hagas solo por diversión. Algo que te haga sentir como una niña otra vez.

La pasión como refugio

En esta segunda fase en la que el eje es descubrir tu pasión, te invito a aprovechar al máximo la energía de la luna que te acompaña a cumplir este propósito. No te presiones; si no existe algo que literalmente haga bailar a tu alma, no ha llegado el momento de ese descubrimiento. Y eso también está bien. Recuerda que cada persona vive a su propio ritmo y que nunca dos vidas podrán ser iguales.

Escribe de 1 a 5 actividades (pasiones o *hobbies*) esas cosas que harías así no te pagaran.

1. ....
2. ....
3. ....
4. ....
5. ....

Completa la siguiente frase: "Cuando me pierdo en mi pasión, me siento____________________. Esto me enseña que ______________________________ ____________________".

Si tienes clara tu pasión, escribe el primer momento que recuerdas en el que conectaste con ella y por qué sentiste que era así.

....

....

....

....

¿Tienes una pasión perdida u olvidada? ¿Algo que siempre quisiste hacer desde niña, pero que no te atreviste o nunca pudiste comenzar? Escribe tres maneras de recuperarla o de empezar a hacerlo. ¿Por qué no?

Compromiso diario

Establece un hábito que esté relacionado con tu pasión y repítelo durante 21 días. Recuerda que este compromiso es solo contigo misma, nadie va a saber si fallas; sin embargo, si no eres constante, te fallarías a ti.

El baúl de las emociones

No todos tenemos definido qué nos apasiona o nuestro *hobby* favorito, si eres de esas personas, en la siguiente página empieza a escribir palabras de las cosas que disfrutas hacer en tu vida ordinaria, dibújalas también y deja que tu mente vuele sin límites. No olvides que las pasiones te eligen y no hay un tiempo determinado para encontrarte con ellas; mientras estés dispuesta a intentarlo, mantendrás la puerta abierta para que esa pasión te visite.

Espacio para dibujar.

LUNA NUEVA

L M M J V S D

/ /

No tengas miedo de sentarte en la primera fila de tu vida

Hoy estoy agradecida por:

-
-
-

Miedo que quiero enfrentar hoy:

-
-
-

Momento favorito del día

Afirmaciones
¡Háblate bonito!

Lo que aprendí hoy fue...

PM

LUNA NUEVA

L M M J V S D

/ /

No tengas miedo de sentarte en la primera fila de tu vida

Hoy estoy agradecida por:

-
-
-

Miedo que quiero enfrentar hoy:

-
-
-

Momento favorito del día

Afirmaciones
¡Háblate bonito!

Lo que aprendí hoy fue...

PM

LUNA NUEVA

L M M J V S D

/ /

No tengas miedo de sentarte en la primera fila de tu vida

Hoy estoy agradecida por:

*
*
*

Miedo que quiero enfrentar hoy:

*
*
*

Momento favorito del día

Afirmaciones
¡Háblate bonito!

Lo que aprendí hoy fue...

PM

LUNA NUEVA

L M M J V S D

/ /

No tengas miedo de sentarte en la primera fila de tu vida

Hoy estoy agradecida por:

-
-
-

Miedo que quiero enfrentar hoy:

-
-
-

Momento favorito del día

Afirmaciones
¡Háblate bonito!

Lo que aprendí hoy fue...

PM

LUNA NUEVA

L M M J V S D

/ /

No tengas miedo de sentarte en la primera fila de tu vida

Hoy estoy agradecida por:

*
*
*

Miedo que quiero enfrentar hoy:

*
*
*

Momento favorito del día

Afirmaciones
¡Háblate bonito!

Lo que aprendí hoy fue...

PM

LUNA NUEVA

L M M J V S D

/ /

No tengas miedo de sentarte en la primera fila de tu vida

Hoy estoy agradecida por:

-
-
-

Miedo que quiero enfrentar hoy:

-
-
-

Momento favorito del día

Afirmaciones

¡Háblate bonito!

Lo que aprendí hoy fue...

PM

LUNA NUEVA

L M M J V S D

/ /

No tengas miedo de sentarte en la primera fila de tu vida

Hoy estoy agradecida por:

-
-
-

Miedo que quiero enfrentar hoy:

-
-
-

Momento favorito del día

Afirmaciones

¡Háblate bonito!

Lo que aprendí hoy fue...

PM

LUNA NUEVA

L M M J V S D

/ /

No tengas miedo de sentarte en la primera fila de tu vida

Hoy estoy agradecida por:

*

*

*

Miedo que quiero enfrentar hoy:

*

*

*

Momento favorito del día

Afirmaciones

¡Háblate bonito!

Lo que aprendí hoy fue...

PM

Luna creciente

La luna creciente marca el primer movimiento visible tras la oscuridad. *Crescere*, del latín, significa crecer, desarrollarse, extenderse. En la antigua Grecia, esta fase estaba dedicada a Artemisa, diosa de la caza, pero también de la transición entre la infancia y la edad adulta.

Para los mayas, la luna creciente regía los rituales de paso: momentos en los que una persona dejaba atrás la etapa de la dependencia familiar para empezar a nombrarse por sí misma. En la tradición mexica, los primeros ciclos lunares después del nacimiento eran considerados portales donde se definía el destino espiritual del recién nacido, pero también su linaje emocional: lo que se le entregaba sin pedirlo.

Porque, sí, lo heredamos todo. Incluso lo que nos cuesta perdonar. Las creencias, los miedos, las frases que nos dijeron una vez y se quedaron haciendo eco por años. No venimos en blanco. Venimos llenos de voces.

En esta fase, la energía comienza a proyectarse hacia afuera. Y lo primero que se activa es el vínculo. La familia, los padres, los cuidadores, ese núcleo que te sostuvo... o que te rompió. Y, más adelante, la adolescencia, ese territorio confuso donde algo se despierta: la urgencia de pertenecer, de ser aceptada, de encontrar un lugar que te haga sentir que sí encajas. Entonces descubres que no todo lo que te formó te pertenece. No es fácil. Pero es necesario. Porque solo cuando entiendes desde dónde te relacionas con los demás puedes empezar a decidir desde dónde quieres hacerlo y elegir qué es todo eso que se queda contigo, no por deber, sino porque todavía tiene sentido. Eso... eso es conexión.

SEGUNDA FASE

Mamá y papá

Luna Creciente
Lazos y conexiones

"Todas las familias felices se parecen unas a otras, pero cada familia infeliz lo es a su manera".

León Tolstói

NO HE TENIDO UNA FAMILIA NORMAL, CONVENCIONAL O tradicional, pero, a cambio de eso, la vida me premió con una familia numerosa y con millones de buenos amigos. Tengo la familia de mi mamá y la de mi papá, y como ellos rehicieron sus vidas después de separarse, también tengo las familias que adquirí a través de sus esposos. En eso siempre me he sentido afortunada: las Navidades y los cumpleaños están llenos de cariño y de mensajes de personas que me han visto crecer y que han elegido hacerlo sin tener ninguna obligación.

Creo que haber nacido bajo esta realidad me dio la habilidad de amar, de no temerle al amor, de crear amistades que luego se vuelven familia. De hacer lazos fuertes y, sobre todo, de entender que la familia no solo la hace la sangre, sino también la vida.

Alguna vez mi mamá me pidió que le contara qué regalo creía que me había dejado la familia que tenía. Mamá, eras tan joven cuando llegué a tu vida, pero a la vez tan valiente al seguir adelante y reacomodar tu camino con tal de estar ahí para las dos. Más que una madre, a veces te siento como la gran compañera de mi vida, y yo de la tuya. Quizás a veces no recibas las mejores palabras de mi parte porque nuestra cercanía de edad nos nubla y nos hace olvidar nuestros roles, pero siempre serás la mujer que eligió mi venida al mundo, a tu mundo, para crecer juntas. Porque lo lindo de nuestra historia es que hemos crecido juntas. Gracias, ma.

Y si mi papá me lo preguntara le diría que, aunque no hemos estado todo el tiempo juntos, siempre ha existido un mar entre nosotros por miles de situaciones que ha tenido que vivir, pero hoy le agradezco infinitamente el esfuerzo que le ha puesto a siempre encontrar la manera de hacerme sentir amada. No importa la distancia: su mirada, sus llamadas, su forma de demostrarme amor siempre han estado en mi corazón. De él siempre presumo mi creatividad y mi capacidad para convertir todas mis locas ideas en realidad. Gracias, pa.

Vivir con dos papás

Aquí viene una parte compleja de mis relaciones familiares. De niña, cuando me preguntaban por mi papá, yo siempre decía que tenía dos: mi papá de sangre y mi papá de crianza: Paulo. A lo cual la gente respondía: "Ah, o sea, tu papá y tu padrastro". Esto me enfurecía, me irritaba, porque nadie entendía mi realidad con Paulo.

Paulo llegó a la vida de mi mamá antes de que yo cumpliera dos años. Cuenta la leyenda que el primer día que lo vi le dije "papá" y mi mamá casi se muere de vergüenza, ella estaba tratando de rehacer su vida, pero no taaan rápido, jajaja.

Si hay algo en la vida por lo que me siento privilegiada es por haber conocido a Paulo, por haber tenido la fortuna de que, sin ninguna obligación, él quisiera convertirse en mi papá. Sabía que mi otro papá no podía estar y me dio lo que una niña necesitaba en ese momento. Fue más que el esposo de mi mamá; fue un padre para mí.

Cuando pienso en quién me enseñó a montar bicicleta, a amarrarme los cordones o quién me llevó a mi primer concierto de mi artista favorita, Melody, pienso en él. Incluso el día que me llegó la regla por primera vez estaba con él.

No es que ser padrastro sea algo menor, pero creo que él hizo por mí mucho más de lo que debía. Me cuidó, me guio y, sobre todo, me dio todo el amor del mundo, como si fuera su hija. Nunca le importó que hubiera otro padre; por el contrario, siempre lo respetó y entendió aunque quizás en algunos momentos le doliera. La verdad es que él se sentía más afortunado de tenerme que de no ser mi padre de ADN.

Mi padre Andrés también quiso siempre a Paulo y hasta el sol de hoy lo respeta mucho por haber hecho algo que él no pudo. La vida es compleja y después de un tiempo pasaron cosas. Mi mamá y Paulo se separaron cuando yo tenía trece años. Desde entonces, todo cambió entre nosotros. Me costó mucho entenderlo y aceptarlo, pero cuando creces y maduras, lo comprendes, lo aceptas y, sobre todo, lo valoras, hay cosas que no pueden ser eternas, pero por eso no se vuelven menos importantes.

Paulo estuvo casi 14 años de mi vida a mi lado, viendo literalmente mis primeros pasos. Hoy escribo esto entre lágrimas porque siempre lo extrañaré. Pero también con gratitud, porque la vida lo puso en mi camino y, sin importar lo que los demás digan, para mí fue mi papá.

Hoy puedo decirte: tengo a mi mamá y a dos papás que me hicieron ser la persona hermosamente caótica que soy.

Querida amiga:

No sé cómo te lleves con tus padres. Quizás de maravilla, quizás sea una relación compleja. Nunca te diría que "mala" porque, al final, las personas que más te aman en el mundo son tus padres, aunque como hijos a veces lo olvidemos.

Entre más crecemos y maduramos, más entendemos lo que hicieron por nosotros. Y, sobre todo, comprendemos que, más que bueno o malo, fue lo que pudieron hacer y es la historia de vida que debías tener.

También recuerda que, aunque la familia de ADN es importante, hay familias que se crean a partir del amor, como mi relación con Paulo. Y esas también valen oro.

Tus lazos y conexiones

Ahora te invito a reflexionar acerca del significado de tu propia familia con los siguientes ejercicios.

Escribe una dedicatoria a la familia que tienes como si estuvieras a punto de empezar a escribir tus memorias.

....

....

....

....

Dibuja un árbol familiar "alternativo" en el que incluyas no solo a tus familiares de sangre, sino a todas las personas que sientes como familia. Describe al lado de cada uno, y en una sola palabra, qué representan en tu vida. Aquí te doy un ejemplo:

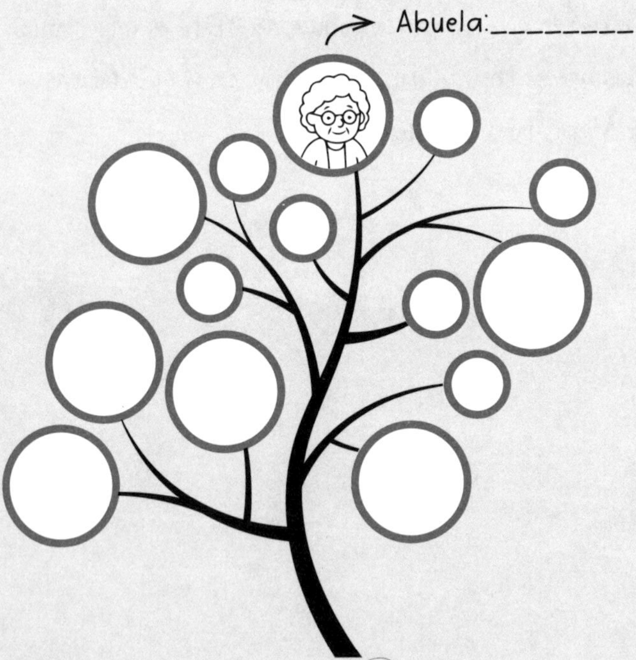

Sobre la cadena que encontrarás a continuación, escribe dentro de cada eslabón una creencia o un patrón familiar que sientes que te limita. Luego, tacha la página con un marcador, simbolizando que sueltas esos lazos.

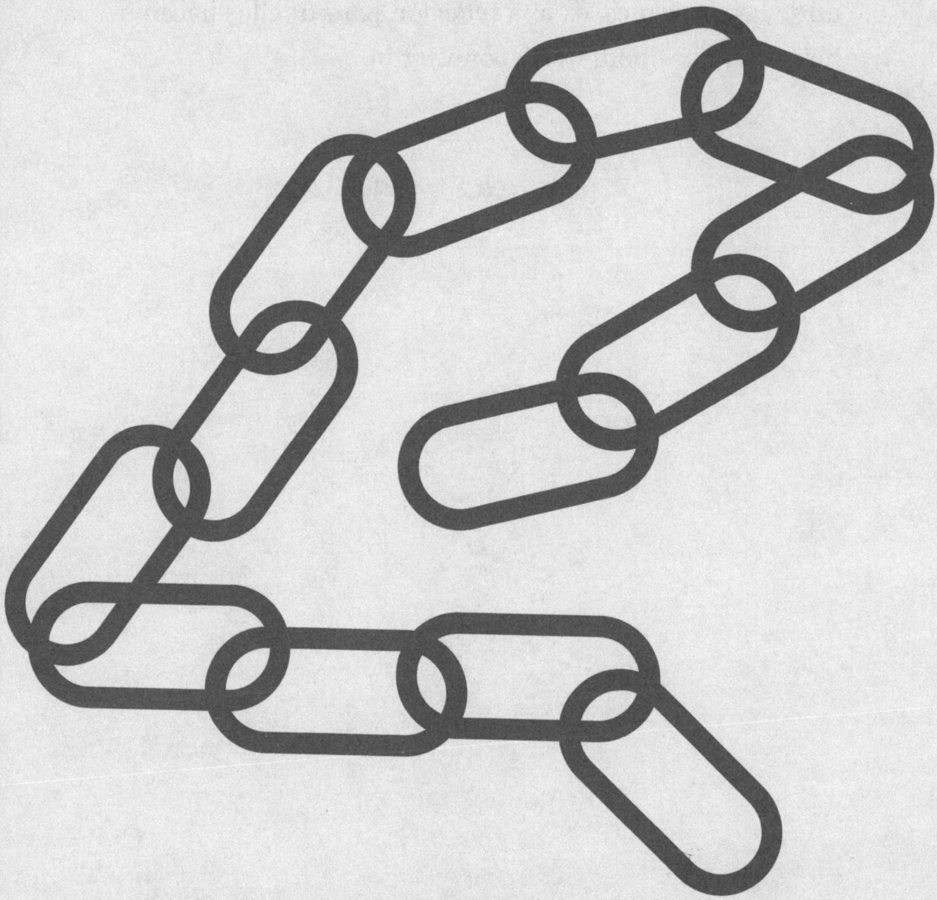

Cartas sin filtros

Escríbeles una carta, con el corazón abierto y con total honestidad, a cada uno de tus padres. Sin importar que hayan estado presentes o no, háblales de lo que les agradeces, lo que te dolió y lo que esperas que ellos entiendan de ti. Pero no se las entregues, es una reflexión para ti; ellos hacen o hicieron lo que pudieron y conocieron.

Carta a mamá

Carta a papá

Lo que heredaste no te define, pero sí deja huella. Ahora que ya miraste hacia atrás, hacia ese núcleo donde todo empezó, es momento de mirar hacia los años en los que empezaste a separarte. Esa etapa torpe, intensa y solitaria en la que el mundo empezó a doler distinto. No te juzgues por lo que soñabas entonces. Agradece haber experimentado esa versión de ti. Ahora vamos a recordarla juntas.

LUNA CRECIENTE

L M M J V S D

/ /

No tengas miedo de sentarte en la primera fila de tu vida

Hoy estoy agradecida por:

*

*

*

Miedo que quiero enfrentar hoy:

*

*

*

Momento favorito del día

Afirmaciones
¡Háblate bonito!

Lo que aprendí hoy fue...

PM

LUNA CRECIENTE

L M M J V S D

/ /

No tengas miedo de sentarte en la primera fila de tu vida

Hoy estoy agradecida por:

-
-
-

Miedo que quiero enfrentar hoy:

-
-
-

Momento favorito del día

Afirmaciones

¡Háblate bonito!

Lo que aprendí hoy fue...

PM

LUNA CRECIENTE

L M M J V S D

/ /

No tengas miedo de sentarte en la primera fila de tu vida

Hoy estoy agradecida por:

-
-
-

Miedo que quiero enfrentar hoy:

-
-
-

Momento favorito del día

Afirmaciones
¡Háblate bonito!

Lo que aprendí hoy fue...

LUNA CRECIENTE

L M M J V S D

/ /

No tengas miedo de sentarte en la primera fila de tu vida

Hoy estoy agradecida por:

-
-
-

Miedo que quiero enfrentar hoy:

-
-
-

Momento favorito del día

Afirmaciones
¡Háblate bonito!

Lo que aprendí hoy fue...

PM

LUNA CRECIENTE

L M M J V S D

/ /

No tengas miedo de sentarte en la primera fila de tu vida

Hoy estoy agradecida por:

*

*

*

Miedo que quiero enfrentar hoy:

*

*

*

Momento favorito del día

Afirmaciones
¡Háblate bonito!

Lo que aprendí hoy fue...

PM

LUNA CRECIENTE

L M M J V S D

/ /

No tengas miedo de sentarte en la primera fila de tu vida

Hoy estoy agradecida por:

*
*
*

Miedo que quiero enfrentar hoy:

*
*
*

Momento favorito del día

Afirmaciones

¡Háblate bonito!

Lo que aprendí hoy fue...

PM

LUNA CRECIENTE

L M M J V S D

/ /

No tengas miedo de sentarte en la primera fila de tu vida

Hoy estoy agradecida por:

*
*
*

Miedo que quiero enfrentar hoy:

*
*
*

Momento favorito del día

Afirmaciones
¡Háblate bonito!

Lo que aprendí hoy fue...

PM

SEGUNDA FASE

La adolescencia

Luna Creciente

Lazos y conexiones

Crecer duele,
pero es necesario.

¿Te has preguntado cómo fue posible que fueras al mismo lugar durante casi quince años, madrugaras todos los días, hicieras tareas y te enfrentaras a aprender cosas que no te interesaban? ¿Como química y física? Bueno, todos fuimos al colegio. Quizás cambiaste varias veces, quizás estudiaste *online*, pero tuviste que asumirlo de alguna forma.

Para unas personas, el colegio es un lugar que produce buenos recuerdos; para otras, es la peor tortura. Yo, en particular, lo disfruté, pero no voy a mentir: sé que se vuelve una rutina agobiante.

He hablado muchas veces de esto, así que pido perdón si ya me lo has oído decir, jajaja, pero mi colegio fue el mejor del mundo. Sé que esto no es lo común. Usualmente, a la gente le da igual el colegio o no le gusta. En mi caso, fue todo lo contrario. Fue tan pleno y feliz que mi crisis no vino por el colegio, sino después del colegio.

Yo pensaba que el mundo era como en mi colegio. Sí, pasaban cosas malas, como en todo lado, pero la gente siempre trataba de resolver sus problemas. Resulta que no. En el mundo real, la gente prefiere hablar mal unos de otros, hacerse trampa, burlarse de otras personas, copiarse, robar dinero… Cosas que, sin exagerar, en mi colegio no pasaban. Sé que suena raro de creer, pero es cierto.

Cuando me gradué y salí al mundo real, me costó muchísimo. Con mi mejor amiga, Sofía, siempre lo hablamos. Las dos somos "demasiado sensibles para este mundo". Y eso, diría yo, fue la falla de nuestro colegio: hacernos tan idealistas y empáticas ante todo.

Apenas me gradué, me fui sola de intercambio por ocho meses. Y aunque fue increíble, también fue extraño. Estar completamente sola, hablar en otro idioma con amigos, pero sin amigos… Fue tan raro y me sentí tan ansiosa que empecé a construir una relación tóxica con la comida y aumenté 16 kilos en pocos meses. Sí, comía rico, pero no se trataba solo de eso. Todo el tiempo pensaba en comida, en llenar mi estómago con algo para no pensar.

Llamé llorando a mi mamá mil veces pidiéndole que me dejara volver, jurándole que le pagaría hasta el último peso. Pero mi mamá me respondía: "NO, VALERIA".

Así que me quedé. Ocho meses. Con 16 kilos de más. Totalmente ajena a todo. Pero aprendí inglés, así que por ese lado valió la pena.

Querida amiga:

La época del colegio —más allá de cómo haya sido tu experiencia— se resume en tener que hacer cosas que no te interesan, pero que al final debes cumplir con hacerlas. En pelear con amigas, en organizar pijamadas, en estudiar y en rezar para que te vaya bien en el examen, en perder un amor, en las fiestas de 15... En ese entonces, todo eso parecía el fin del mundo o lo mejor del mundo. Lo sé, lo recuerdo muy bien.

Si aún estás en el colegio, por más cliché que suene, tranquila, tranquilo. Todo estará bien. Luego, nada de lo que te atormenta en este momento será tan importante.

Y si hoy eres feliz en el colegio, disfrútalo. Porque después perder un examen o no hacer una tarea serán los problemas soñados que jamás volverás a tener en la vida.

Después del colegio, tienes que pagar impuestos, cotizar salud y pensión y asumir el IVA (si estás en Colombia). Eso sí que complicará tu existencia.

Así que disfruta el colegio. Vive ese momento fugaz, ríete en los recreos, come lo que se te antoje y, sobre todo, vívelo al máximo.

Mensaje a mi "yo" adolescente:

A ese amor idílico llamado Pablo olvídalo, nunca debes ser una opción, sino una elección, no llores más por él, porfa; no le creas cuando dice "te extraño", más bien que te demuestre llegando a tu casa cómo te extraña. Gracias por hacerme tan soñadora, cuando era adolescente, todo era posible en mi mente, disfrutaba mi soledad, leía mucho y no entiendo por qué ahora no tanto. Aprende a tender la cama, que siempre te vas de la casa y no lo haces, pero importa mucho.

Lazos y conexiones

Escríbele un mensaje a tu "yo" adolescente. Dale el consejo que en ese momento hubieras necesitado para sentirte en paz. Y si aún eres adolescente, escribe el consejo que te gustaría escuchar ahora mismo.

Reflexiona sobre las partes de tu adolescencia que aún llevas contigo. ¿Cuáles valoras y cuáles preferirías dejar atrás? Y si aún lo eres, ¿qué te gusta de tener tu edad y qué no?

¿Recuerdas a quiénes admirabas en tu adolescencia? ¿Aún los admiras? En mi caso, era fan de Lana del Rey, Miley Cyrus y Fito Paéz.

La lista de mis sueños

Haz una lista de los sueños que tenías en tu adolescencia. ¿Cuáles cambiaron y por qué? Y si aún lo eres, escribe una lista de sueños que tienes en mente y que aún no has cumplido.

LUNA CRECIENTE

L M M J V S D

/ /

No tengas miedo de sentarte en la primera fila de tu vida

Hoy estoy agradecida por:

Miedo que quiero enfrentar hoy:

Momento favorito del día

Afirmaciones
¡Háblate bonito!

Lo que aprendí hoy fue...

LUNA CRECIENTE

L M M J V S D

/ /

No tengas miedo de sentarte en la primera fila de tu vida

Hoy estoy agradecida por:

★

★

★

Miedo que quiero enfrentar hoy:

★

★

★

Momento favorito del día

Afirmaciones
¡Háblate bonito!

Lo que aprendí hoy fue...

PM

LUNA CRECIENTE

L M M J V S D

/ /

No tengas miedo de sentarte en la primera fila de tu vida

Hoy estoy agradecida por:

*
*
*

Miedo que quiero enfrentar hoy:

*
*
*

Momento favorito del día

Afirmaciones
¡Háblate bonito!

Lo que aprendí hoy fue...

PM

LUNA CRECIENTE

L M M J V S D

/ /

No tengas miedo de sentarte en la primera fila de tu vida

Hoy estoy agradecida por:

★
★
★

Miedo que quiero enfrentar hoy:

★
★
★

Momento favorito del día

Afirmaciones
¡Háblate bonito!

Lo que aprendí hoy fue...

PM

LUNA CRECIENTE

L M M J V S D

/ /

No tengas miedo de sentarte en la primera fila de tu vida

Hoy estoy agradecida por:

-
-
-

Miedo que quiero enfrentar hoy:

-
-
-

Momento favorito del día

Afirmaciones
¡Háblate bonito!

Lo que aprendí hoy fue...

PM

LUNA CRECIENTE

L M M J V S D

/ /

No tengas miedo de sentarte en la primera fila de tu vida

Hoy estoy agradecida por:

-
-
-

Miedo que quiero enfrentar hoy:

-
-
-

Momento favorito del día

Afirmaciones ¡Háblate bonito!

Lo que aprendí hoy fue...

PM

LUNA CRECIENTE

L M M J V S D

/ /

No tengas miedo de sentarte en la primera fila de tu vida

Hoy estoy agradecida por:

-
-
-

Miedo que quiero enfrentar hoy:

-
-
-

Momento favorito del día

Afirmaciones

¡Háblate bonito!

Lo que aprendí hoy fue...

PM

Luna Llena

La luna llena es símbolo de excesos. Aparece cuando ya no cabe más en la oscuridad y todo lo que estaba escondido sale a la superficie. Su nombre viene del latín *plēna*, que significa "completa", pero también "saturada". Y así se siente a veces: como si el cuerpo, la mente y el corazón estuvieran a punto de estallar.

Para los celtas, representaba a la luna del fuego, durante este ciclo, llevaban a cabo rituales para liberar lo que ya no debía quedarse. Los pueblos andinos la veían como el símbolo de la temporada de una cosecha emocional, el cierre de un ciclo que los obligaba a mirar a lo que habían sembrado. En la espiritualidad africana, representa a la luna de Yemayá, diosa del agua, del instinto, del caos que limpia. Porque no todo lo que brilla alumbra con suavidad. A veces también quema.

Por eso, en esta fase se activa la ruptura. Es común sentir el impulso de dejar un país, de dejar una vida. De dejar atrás una versión de ti que ya no sostiene lo que ahora eres. Migrar aunque duela. Cambiar aunque no tengas la seguridad de si vas a poder volver.

También se despiertan los vínculos más intensos. El amor que te hizo creer. El amor que te rompió. El amor que te sanó. Cada uno logra mostrarte una parte tuya que no hubieras visto sola.

Este no es un momento de calma. Es un momento de reconocimiento, de purga, de restauración que te lleva a soltar lo que ya no tiene lugar aunque sea doloroso. Y también es una temporada para hacerle espacio a lo que viene aunque aún no tenga forma.

Eso... eso es catarsis.

TERCERA FASE

Crecer, mudarse, graduarse y migrar

Luna Llena

La transformación

Se necesita mucho
coraje para salir
de casa sin saber
si lo vas a lograr.

Nunca pensé en irme del país en el que crecí y nací. No porque fuera el mejor o tuviera la vida resuelta, simplemente, cuando creces en el mismo lugar, te gusta pensar que seguirás ahí: con tus amigos, con tu familia, con las calles que conoces, con todo lo que ya forma parte de ti.

Una cosa es viajar para abrir tu mente y aprender cosas nuevas —eso siempre lo he amado— pero irme siendo aún tan pequeña fue algo que nunca imaginé. Todo pasó tan rápido. Me gradué del colegio y mi mamá me propuso irme de intercambio por ocho meses. Cuando volví, ella ya no vivía en Colombia. Me pidió que fuera un tiempo al nuevo lugar en el que ella estaba viviendo y trabajando: Venezuela.

Acepté entre dientes porque, primero, no conocía a nadie y, segundo, el país estaba en una de sus mayores crisis. No sabía qué podía hacer allá. Sin embargo, al no tener a dónde ir, no me quedó otra opción.

Venezuela y yo

Viví un año allí y, sin exagerar, fue uno de los mejores años de mi vida. Fue el lugar que me recibió después de ocho meses de intercambio. Llegué con ganas de estar con mi mamá, de sentir familia, y cuando llegué, me recibió con la sorpresa de que estaba embarazada. Iba a tener una hermanita, una bebé a la que le llevaría 19 años de diferencia. Estaba entre emocionada y confundida, sin saber cómo ser una hermana mayor con tanta distancia de edad.

Como no tenía amigos, ni trabajo, ni nada, empecé a estudiar Actuación. Allí conocí al que hoy es mi mejor amigo de quizás muchas vidas pasadas, H. Me inscribí en la universidad a estudiar Cine —todavía no sé cómo— e hice miles de amigos. Gente hermosa que me abrió su corazón, que me invitaba a todo.

Rumbeé muchísimo, porque venezolano que se respete ama salir de fiesta. Sabías a qué hora salías, pero nunca a qué hora ibas a regresar.

Y, entre todo eso, hice una obra de teatro. La escribí yo. Me gané un premio que, hasta el sol de hoy, me suena irreal: con 19 años, recibir ese reconocimiento junto a gente adulta con tanta experiencia.

Venezuela me hizo hermana mayor—una de mis mayores alegrías—me hizo escritora y me dio las mejores arepas. Aunque todos sabemos que la arepa es colombiana, jajajaja. (No peleemos por eso hoy).

Nueva migración: Estados Unidos

Por muchas cosas de la vida, pero principalmente por amor, la vida me llevó nuevamente a migrar. Esta vez, a Estados Unidos, donde llevo viviendo nueve años.

Llegué con quinientos dólares en el bolsillo, enamorada, llena de ideas, pero perdida, sin saber mucho sobre este país. Aterricé en Miami sin saber qué hacer, pero con las ganas más grandes de pertenecer y de construirme como adulta.

Aquí tuve mi primer trabajo: fui mesera, trabajé en fiestas de niños, hice lo que fuera mientras estudiaba Actuación. También hice muchas, muchas obras de teatro.

Empecé a subir videos bailando, al principio por no tener nada más que hacer y después con una visión. Sabía que podía vivir de esto. Muchas amigas, entre ellas Calle y Poché, ya eran *youtubers*, y las tenía como referencia de un cambio de era, de un nuevo tipo de empleo.

Me mudé millones de veces. Creo que, hasta el sol de hoy, he vivido en diez apartamentos diferentes.

Aquí construí mis mejores amistades. Llegué enamorada y me desenamoré. Y tuve que empezar de nuevo.

Mi primer apartamento de soltera lo tuve aquí. Era el lugar donde todas mis amigas vivían cuando querían estar conmigo. Es impresionante la cantidad de minividas que he tenido en estos casi nueve años.

Querida amiga:

El cambio es el mejor regalo que puede recibir un ser humano. Quedarse sin nada, reiniciar, volver a empezar, ser una página en blanco. No huyas de eso. Siempre será la mejor sensación para comenzar un sueño.

Ser migrante o sentirse perdido en la propia vida son crisis que no puedes saltarte porque sacarán lo mejor de ti. Suena cliché, pero es real.

Se necesita mucho coraje para irse de casa, para salir de la comodidad y la cultura que conoces y empezar una nueva vida. Si estás fuera de casa y estás leyendo esto, te felicito.

No cualquiera lo hace. No cualquiera tiene ese coraje y esa valentía.

Mensaje para la Valeria que migró a los 20 años:

Todo lo que sueñas se hará realidad.

El trabajo que esperas, el apartamento que anhelas, sentirte bien contigo misma.

Te costará mucho esfuerzo y varios años de trabajo, pero, al final, lo lograrás.

Valeria de 28 años.

Darle vida a un hogar

En épocas de cambio, es muy importante que construyas un espacio que reconozcas como tu hogar. No me refiero a tener una casa perfecta con una decoración de Pinterest. Me refiero a tu refugio personal, a un espacio que naturalmente se sienta como tuyo. En esta parte vamos a trabajar en esto.

Cuando piensas en "hogar", ¿qué es lo primero que se te viene a la cabeza? Dibújalo o escribe las palabras relacionadas. Pueden ser positivas o negativas.

....

....

....

....

....

....

....

Reflexiona sobre la primera vez que dejaste un lugar importante. ¿Cómo te sentiste? ¿Qué aprendiste al dejar atrás lo conocido?

Comparte un lugar que te haya marcado. ¿Dónde está ese lugar, qué tiene que lo hace tan especial para ti? ¿Por qué te marcó?

Haz una lista de las cosas, las emociones y los pensamientos que quisieras llevar en tu maleta siempre contigo a cualquier lugar al que vayas. Escríbelas o dibújalas.

Espacio para dibujar:

Y entonces un día sales de casa y algo en ti está impaciente por encontrar eso que se sienta como hogar. A veces buscaste... y encontraste lo que no debías. Otras veces te encontraron a ti y huiste. Hasta que por fin te quedaste y entendiste que también es de valientes dejar lo que en algún momento fue tu refugio y atreverte a ser refugio para alguien más.

LUNA LLENA

L M M J V S D

/ /

No tengas miedo de sentarte en la primera fila de tu vida

Hoy estoy agradecida por:

*
*
*

Miedo que quiero enfrentar hoy:

*
*
*

Momento favorito del día

Afirmaciones

¡Háblate bonito!

Lo que aprendí hoy fue...

PM

LUNA LLENA

L M M J V S D

/ /

No tengas miedo de sentarte en la primera fila de tu vida

Hoy estoy agradecida por:

*
*
*

Miedo que quiero enfrentar hoy:

*
*
*

Momento favorito del día

Afirmaciones
¡Háblate bonito!

Lo que aprendí hoy fue...

PM

LUNA LLENA

L M M J V S D

/ /

No tengas miedo de sentarte en la primera fila de tu vida

Hoy estoy agradecida por:

*
*
*

Miedo que quiero enfrentar hoy:

*
*
*

Momento favorito del día

Afirmaciones
¡Háblate bonito!

Lo que aprendí hoy fue...

PM

LUNA LLENA

L M M J V S D

/ /

No tengas miedo de sentarte en la primera fila de tu vida

Hoy estoy agradecida por:

★

★

★

Miedo que quiero enfrentar hoy:

★

★

★

Momento favorito del día

Afirmaciones
¡Háblate bonito!

Lo que aprendí hoy fue...

PM

LUNA LLENA

L M M J V S D

/ /

No tengas miedo de sentarte en la primera fila de tu vida

Hoy estoy agradecida por:

*
*
*

Miedo que quiero enfrentar hoy:

*
*
*

Momento favorito del día

Afirmaciones
¡Háblate bonito!

Lo que aprendí hoy fue...

PM

LUNA LLENA

L M M J V S D

/ /

No tengas miedo de sentarte en la primera fila de tu vida

Hoy estoy agradecida por:

*
*
*

Miedo que quiero enfrentar hoy:

*
*
*

Momento favorito del día

Afirmaciones

¡Háblate bonito!

Lo que aprendí hoy fue...

PM

LUNA LLENA

(L)(M)(M)(J)(V)(S)(D)

/ /

No tengas miedo de sentarte en la primera fila de tu vida

Hoy estoy agradecida por:

-
-
-

Miedo que quiero enfrentar hoy:

-
-
-

Momento favorito del día

Afirmaciones

¡Háblate bonito!

Lo que aprendí hoy fue...

PM

LUNA LLENA

L M M J V S D

/ /

No tengas miedo de sentarte en la primera fila de tu vida

Hoy estoy agradecida por:

- ★
- ★
- ★

Miedo que quiero enfrentar hoy:

- ★
- ★
- ★

Momento favorito del día

Afirmaciones

¡Háblate bonito!

Lo que aprendí hoy fue...

PM

TERCERA FASE

Los tres amores de tu vida

Luna Llena
El enamoramiento

"El primer amor
es una revelación
de lo que puede
ser el alma
cuando se expone
al fuego por
primera vez".

Elizabeth Bowen

Dicen que en la vida te encontrarás con tres amores...
(La verdad creo que al final llegas a tener muchos más, pero estos tres podrían definir gran parte de tu juventud, al menos hasta los treinta años).

El primer amor

Mi primer amor llegó cuando tenía quince años. Él tenía diecisiete. Duramos casi tres años. Fue la primera vez que salí sola en un carro con un chico al volante, que le dije "amor" a alguien, que dije "te amo" y que me lo dijeron a mí. Y, más aún, que lo sentí. Recuerdo que una de las cosas que más me gustaban de él era que no era de mi colegio. En ese momento y a esa edad, eso me hacía sentir extremadamente *cool*. Por esa razón, al principio vernos no era tan fácil. Nos tocaba esperar hasta el fin de semana o yo tenía que colarlo en mis planes con amigas para poder verlo antes de que mi mamá me dejara llevarlo a mi casa.

Sus papás le habían dado un carro porque vivían fuera de la ciudad. Después de que mi mamá lo conoció y le cayó súper bien, me permitió salir con él y que nos visitara. Excepto montar en su carro. Eso era algo que doña Alejandra no iba a aceptar. Pregúntenle cuál era su problema con los carros, jajaja. Porque igual nos dejaba salir solos, pero con ese tema tenía algo personal. Así que este muchachito, durante casi dos años de relación, tenía que ir hasta mi casa, estacionar el carro y después salir caminando o tomar un taxi.

Lo que uno hace cuando está enamorado y es menor de edad.

Fue la primera vez que un hombre me llevó serenata y me compró un regalo. La primera vez que tuve suegros y que mi mamá fue suegra. La primera vez de tantas cosas en esa relación.

Sin duda, fue la que me mostró qué era ese famoso amor. Y también la primera vez que entendí cuándo ya no había amor y que era momento de dejar ir.

El segundo amor

Mi segundo amor fue incómodo, desacomodado, difícil, oscuro, doloroso.

Un amor que hoy me pregunto cómo sucedió si esa persona y yo no teníamos nada en común, pero a la vez sí.

Ese amor me rompió en mil pedazos. Me hizo detestar el amor. Querer huir de él. Sentir que estar enamorados nos hacía débiles, que nos volvía vulnerables. Fue tóxico, incoherente, muy intenso y estúpido.

Nunca había tenido una relación tóxica. Ni siquiera siendo adolescente. Seguro tuve momentos tóxicos e inmaduros, como cualquier persona joven enfrentándose al amor, pero jamás algo realmente preocupante.

Incluso ya había tenido un matrimonio en mis veintes (después les contaré esa historia), y aunque no terminó bien —lo cual es una lástima— tampoco siento que haya sido una relación tóxica. Creo que, al menos una vez en la vida, tienes que pasar por esto.

Y de las cosas que más aprendí es que no debes culpar a la otra persona, porque para que una relación tóxica exista se necesitan dos.

Ni siquiera recuerdo cómo empezó. Pero, de ser una relación emocionante y bonita, se fue convirtiendo poco a poco en un nudo en la garganta. En noches de silencio y soledad esperándolo.

Encerrada en el baño llorando. En pensar: ¿en qué momento me permití sentirme tan miserable? En escuchar versiones de mi vida que ni yo conocía sobre mí. Es difícil de explicar.

Pero, como dije, no lo culpo ni lo responsabilizo. Porque fui yo quien lo permitió. Fui yo quien, con mis propios vacíos, se quedó ahí, atada.

Después de que terminó, conocí una parte de mí muy oscura que no había visto antes.

Una Valeria insegura.

Con las manos temblorosas.

Con malos pensamientos.

Con desconfianza hacia las personas.

Con rabia hacia los hombres.

Con miedo a lo que los demás podían sentir sobre mí.

Ese segundo amor me hizo creer que no valía la pena confiar tanto en alguien, que te podían dejar tirado en el olvido si querían.

Sentí lo que dicen: "El que se enamora pierde".

Y sí... Yo en ese amor perdí.

Perdí lo más importante: me perdí a mí.

El tercer amor

Más que pensar que este es "el gran final feliz, el hasta que la muerte nos separe", lo veo como un amor maduro.

Ese que te ayuda a crecer, pero no desde el sufrimiento, sino desde la conciencia.

Esta relación que tengo ahora mismo —esa a la que le di el gran SÍ o, bueno, nos dimos el SÍ— empezó de una manera muy diferente a todas.

Nunca antes había vivido una historia así. Porque no fue la típica historia de dos personas que se cruzan y automáticamente se gustan. Fueron muchos encuentros ligeros durante casi tres años.

Teníamos muchos amigos en común, así que nos encontrábamos todo el tiempo.

Al principio solo nos saludábamos. Después siguieron las conversaciones grupales. Encuentros fugaces en eventos. Hasta que, sin planearlo, nos fuimos conociendo poco a poco.

Sin prisa.

Sin esa intención premeditada de conquistarnos.

Un día, por más cliché que suene, hablando sobre París con más personas en la mesa, los dos nos quedamos mirándonos. Compartíamos recuerdos sobre nuestra ciudad favorita. Y, de repente, todo desapareció.

El ruido externo.

Las otras personas.

Las conversaciones ajenas.

Solo estábamos él y yo.

Bajo una misma luz. Frente a frente.

Fue en ese momento cuando empezó nuestra historia. Febrero del 2023. Un restaurante cualquiera. Hablando sobre París.

No fue conocer a alguien.

Fue reconocer a alguien.

Quizás a alguien que ya había conocido en otra vida, pero que aún no había reconocido. Quizás todas esas otras veces que nos vimos no estábamos siendo nosotros mismos. Y por eso no nos habíamos visto de verdad.

Hasta esa noche.

Y, desde ese entonces, no pude volver a verlo de otra forma.

Este tercer amor se parece a ti porque no sientes la necesidad de forzar nada. No siempre es fácil, porque es exigente. Quiere hacer negocios, quiere que vivan bajo el mismo techo, quizás una familia de dos, de tres o de más.

Es un amor con planes y promesas. Un amor que sabe lo que quiere y lo que no. Un amor que elige callar antes que lastimar. Uno que sabe pedir perdón. Uno que, más que estar locamente enamorado de ti, te elige cada día.

Y tú lo eliges todos los días.

Querida amiga:

Pueden ser tres, cinco, uno o mil.

Lo importante es entender que ningún amor llega a tu vida por casualidad.

Que una pareja habla más de ti que del otro.

Enamórate. No te saltes esa parte.

Entrégate.

Pero también vete si lo sientes.

Elígete a ti si ese amor te está marchitando.

Llora el amor si es necesario.

Pero entiende esto:

Una de las maneras más efectivas de conocerte a ti misma es a través de tus parejas y tus amores.

Los amores de la vida

Antes de iniciar estos ejercicios, recuerda que cada camino es diferente y que no necesariamente una persona experimenta tres amores en una misma vida. Puede que en un primer intento hayas encontrado a esa persona que hoy es tu gran amor, puede que aún no haya llegado o puede que ese amor inmenso, al final, seas tú.

¿Te has enamorado alguna vez? ¿Sientes que fue tu primer, tu segundo o tu tercer amor?

....

....

....

....

....

Para ti, ¿qué es el amor?

....

....

....

....

....

Escribe una lista de cosas que sientes que aprendiste en tus relaciones pasadas sobre ti.

....

....

....

....

Primero el amor propio

El amor más importante es el amor propio y es momento de que inviertas tu tiempo y energía en encontrar este antes que cualquier otro, así que te dejaré un par de tareas y actividades que te pueden ayudar a ir explorando cómo es conocerte, aprender a quererte para que logres construir una relación sana y divertida contigo misma.

Haz una lista de diez cosas sobre ti misma que amas y agradeces tener. Pueden ser cualidades, logros o aspectos de tu personalidad.

1. ....
2. ....
3. ....
4. ....
5. ....
6. ....
7. ....
8. ....
9. ....
10. ....

Escríbele una carta a tu cuerpo agradeciéndole por todo lo que hace por ti. Háblale acerca de cómo te gustaría cuidarlo y honrarlo más.

....

....

....

....

....

....

Haz una lista de las cosas que no estás dispuesta a comprometer por nada del mundo en nombre de tu amor propio.

La playlist de mi amor propio

Crea una lista de canciones que te hagan sentir fuerte, hermosa y amada. Escúchala cuando estes triste. Para empezar, te comparto dos canciones que están en la mía: *Brillante sobre el mic* de Fito Páez y *Birds of a Feather* de Billie Eilish.

Escríbete una carta como si fueras tu propia pareja ideal, recordándote cuánto vales y todo lo que mereces.

Llévate en una autodate

Organiza y planea esa cita que sueñas, no importa que ya tengas pareja, recuerda que tú eres la principal responsable de construir tu felicidad, así que planea la cita de tus sueños y disfrútala.

Pega aquí una foto que te recuerde lo bien que la pasaste en esa cita planeada por ti.

LUNA LLENA

L M M J V S D

/ /

No tengas miedo de sentarte en la primera fila de tu vida

Hoy estoy agradecida por:

★

★

★

Miedo que quiero enfrentar hoy:

★

★

★

Momento favorito del día

Afirmaciones

¡Háblate bonito!

Lo que aprendí hoy fue...

PM

LUNA LLENA

L M M J V S D

/ /

No tengas miedo de sentarte en la primera fila de tu vida

Hoy estoy agradecida por:

-
-
-

Miedo que quiero enfrentar hoy:

-
-
-

Momento favorito del día

Afirmaciones

¡Háblate bonito!

Lo que aprendí hoy fue...

PM

LUNA LLENA

L M M J V S D

/ /

No tengas miedo de sentarte en la primera fila de tu vida

Hoy estoy agradecida por:

-
-
-

Miedo que quiero enfrentar hoy:

-
-
-

Momento favorito del día

Afirmaciones

¡Háblate bonito!

Lo que aprendí hoy fue...

PM

LUNA LLENA

L M M J V S D

/ /

No tengas miedo de sentarte en la primera fila de tu vida

Hoy estoy agradecida por:

*
*
*

Miedo que quiero enfrentar hoy:

*
*
*

Momento favorito del día

Afirmaciones

¡Háblate bonito!

Lo que aprendí hoy fue...

PM

LUNA LLENA

(L)(M)(M)(J)(V)(S)(D)

/ /

No tengas miedo de sentarte en la primera fila de tu vida

Hoy estoy agradecida por:

★ ....

★ ....

★ ....

Miedo que quiero enfrentar hoy:

★ ....

★ ....

★ ....

Momento favorito del día

Afirmaciones

¡Háblate bonito!

Lo que aprendí hoy fue...

....

....

PM

LUNA LLENA

(L) (M) (M) (J) (V) (S) (D)

/ /

No tengas miedo de sentarte en la primera fila de tu vida

Hoy estoy agradecida por:

*

*

*

Miedo que quiero enfrentar hoy:

*

*

*

Momento favorito del día

Afirmaciones

¡Háblate bonito!

Lo que aprendí hoy fue...

LUNA LLENA

L M M J V S D

/ /

No tengas miedo de sentarte en la primera fila de tu vida

Hoy estoy agradecida por:

*
*
*

Miedo que quiero enfrentar hoy:

*
*
*

Momento favorito del día

Afirmaciones
¡Háblate bonito!

Lo que aprendí hoy fue...

PM

Luna Menguante

La luna menguante toma su nombre del latín *minuěre*, que significa disminuir, suavizar, hacer espacio. En los escritos filosóficos de la escuela estoica del siglo III a. C., esta fase de descenso era interpretada como una oportunidad de discernimiento interior.

Personajes célebres como Epícteto y Marco Aurelio profundizaron sobre la importancia de detener la acción para volver a lo esencial y reconocer qué partes de la experiencia merecían pertenecer. En Perú, para el pueblo quechua Q'ero, la luna menguante representa el tiempo del *ayni* interior. *Ayni* es el principio de reciprocidad y en esta fase se dirige hacia uno mismo. Es un momento ritual de revisión silenciosa, donde cada vivencia debe equilibrarse antes de cerrar el ciclo.

Si estás en los veintes, notarás que todo parece urgente: tomar decisiones, encontrar respuestas y sostenerlo todo a la vez. Sin embargo, al mismo tiempo, algo dentro de ti empieza a ordenarse. El caos se alinea y, entre tanto ruido, se crea una armonía.

Esto ocurre porque estamos hechos de átomos y, como toda la materia, cambiamos cuando nos observan. Pero también cuando nos atrevemos a observarnos. Quizá eso signifique crecer: dejar de huirle al espejo y aceptar que no somos una sola versión de nosotras mismas. Es entonces cuando entendemos que el cambio es la única constante y aprender a moverse con él es lo más parecido a renacer.

No necesitas más señales. Solo esta claridad serena que llega cuando ya no estás buscando. Porque todo lo vivido, aunque no lo vieras, tenía un propósito. Un mensaje que, así lo hayas leído antes, solo hoy entiendes, abrazas todo entre el agradecimiento y la confusión.

Eso... eso es reflexión.

CUARTA FASE

Tus 20

Luna Menguante
Propósito y reflexión

Los veintes no
son para tenerlo
todo resuelto, sino
para aprender
a vivir sin todas
las respuestas.

Los veintes. Wow, wow, wow... ¿por dónde empiezo? Siento que hay mil vidas dentro de los veintes. Podría decir que de los 20 a los 22 hay una etapa; que de los 23 a los 26 hay otra; que los 27 son, en resumen, una prueba de supervivencia, y que los 28 y 29 son como esa fase final de una era, porque los famosos 30 se avecinan. Un nuevo capítulo en el que aún te sientes joven, pero ya sabes que eres adulta.

¿Qué diría de mis veintes de manera rápida? Me mudé de país totalmente sola, pero muy enamorada. Me casé. Ya sé, una locura. No lo recomiendo. Fue la primera vez que viví con una pareja, que planeé mi vida junto a alguien. A mis 21, me gané mi primer sueldo en algo que quizás no me gustaba hacer, pero que necesitaba. Enfrenté lo que era tener necesidades y la obligación de resolverlas. Sentí esa preocupación adulta de trabajar, de encontrar mi camino.

A mis 22, empecé a cumplir parte de mis sueños: me gané una beca de baile, empecé a actuar en teatro y a hacer *castings*. Aprendí a organizar mis ganancias y a pensar en un plan para los próximos años. A mis 23, ese amor que me llevó a mudarme se empezó a marchitar. Decidimos separarnos. Me quedé sola en esa ciudad y viví en cuartos de amigas por un tiempo. Mi vida personal estaba complicada, pero mi carrera empezó a despegar. Fue la primera vez que experimenté eso de tener muy bien un lado de tu vida y muy mal otro.

Por fin tuve un trabajo estable. Empecé a vivir únicamente de redes sociales. Hice una marca de ropa que fracasó rotundamente, pero quedó hermosa. Empecé a viajar mucho y a bailar por el mundo. A mis 23, enfrenté la vida real sola, con todo lo bueno y lo malo. Conocí la verdadera libertad, pero también las verdaderas responsabilidades.

A mis 24, me atreví a pagar mi primer apartamento por mi cuenta, llena de miedo de no saber si iba a poder mantenerme en un país ajeno. Igual lo hice. Y lo logré. También mi carrera cambió un poco. Empecé a hacer música y *shows* de baile. Ya no eran solo las redes. El sueño se sentía real, rompí estereotipos de lo que era ser una bailarina y me puse al límite.

A mis 25, tuve otro amor y me rompí en mil pedazos. Ese amor tan complicado me obligó a enfrentarme a lo más oscuro de mí misma. Me volví a encontrar con la soledad de mis 23, pero esta vez fue más amarga, más lenta. Y entendí que, aunque vivas algo una vez, puede volverte a pasar. La única diferencia está en cómo te lo tomas.

A mis 26, decidí que necesitaba un cambio de vida. Establecer mi empresa. Comprar un apartamento. Sanar las mil heridas que llevaba cargando. Dejar de culpar a los demás. Dejar de culpar a la vida. Hacerme responsable de mí.

Pedí un amor maduro, sano, duradero. No quería volver a sentirme usada o abandonada.

A mis 27, conocí ese amor que tanto manifesté. Y hasta ahora es mi mejor relación. Una que quiero elegir cada día. Así como creció el amor, crecí en mi trabajo. Mis objetivos cambiaron. Mis sueños también o quizás se transformaron. Muchas cosas dejaron de ser importantes y otras lo empezaron a ser. De repente, lo que antes amaba ya no me llenaba. Sentía que había cerrado un ciclo. Me sentía extraña haciendo cosas que antes amaba. Fue ahí cuando pude mirarme al espejo y afirmar: "He crecido."

Tomé decisiones difíciles. Dije NO a cosas a las que jamás hubiera dicho no. Corté contratos. Corté relaciones que no me hacían bien. Me alejé de muchas personas. Me acerqué a las que me hacían bien. Fue un año en el que me desconecté mucho de mí, de mis propósitos de vida. Tuve que volver a buscarlos. Casi pensé que no iba a sobrevivir a los 27. Pero lo logré.

Hoy tengo 28. Y la página sigue casi en blanco. Una década es una vida. Yo siento que tuve miles. Me encontré como adulta por primera vez. Me rompí también. Y tuve que volver a nacer.

La Valeria de los 20 murió. Y, antes de mis 28, tuve que reencontrarme; sigo en ese proceso. Para saber a dónde quiere ir esa mujer a sus 30. Y sé que, en algún momento de la vida, me tocará otra vez morir para volver a nacer. No hay que tener miedo de volver a empezar.

Querida amiga:

Hoy estoy en mi casi último año de los veintes.

Se siente raro, te lo confieso. Una parte de mí no se quiere ir nunca de esta versión. Se siente raro crecer y tener el tiempo de testigo para que te lo recuerde, pero también se siente bien descubrir nuevas versiones de ti.

En mis veintes intenté mil cosas que no me salieron bien y, en las pocas con las que sí acerté son hoy las que forman el camino y todo se está dando, así que confía en esos mil errores que estás cometiendo porque tendrán sentido.

Disfruta cada lágrima, cada risa, estás viva y tienes veintialgo. Te lo aseguro, nada es tan grave.

Muchas versiones de ti

Estos ejercicios que siguen me encantan porque te van a permitir ser consciente de todas las versiones que has tenido a lo largo de tu vida. Personalmente, me encanta hacer estas pausas para revelar qué me sigue acompañando y qué he logrado dejar atrás.

Piensa en una versión pasada de ti misma que sientas que ha "muerto" en los últimos años. ¿Qué te dio esa versión de ti misma que hoy agradeces?

....

....

....

....

....

Cierra los ojos, respira profundo y repite: "Solo yo puedo salvarme; este momento es mío". Luego, elige una acción cotidiana (como beber agua o caminar) y conviértela en tu recordatorio diario de estar presente, realizándola con plena atención.

Divide tus veintes en etapas y ponle un título a cada una, como si fueran capítulos del libro de tu vida.

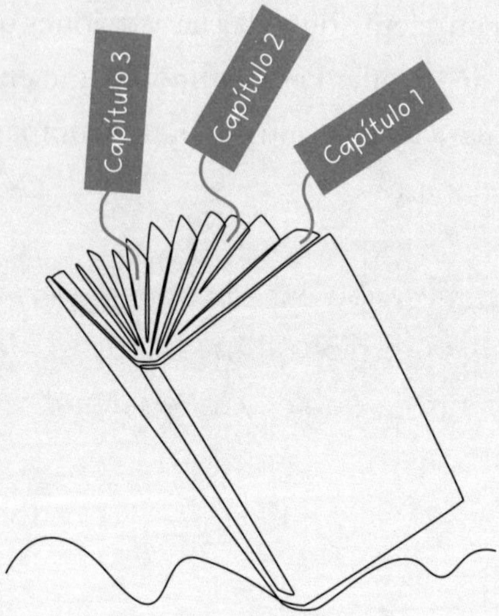

En esta etapa de reflexión, en la que la luna es una gran aliada, pregúntate:

¿Qué veo en mí hoy que antes no notaba?

....

....

....

....

....

¿Estoy viviendo una vida honesta conmigo misma?

....

....

....

....

¿Qué necesito escuchar de mí?

Imagina que tu yo de hace cinco años y tu yo actual se encuentran en una habitación. ¿Qué se dirían?

Luego, date una pausa, realiza una actividad que disfrutes mucho y continúa con el cuestionario.

Escribe un cambio que sabes que necesitas hacer, pero que sigues postergando.

Un compromiso de tu yo presente con la persona que quieres ser.

....

....

....

....

....

Algo a lo que quieras decirle “no” ahora mismo.

....

....

....

....

....

¿Qué crees que te detiene de hacerlo?

....

....

....

....

....

Escribe las razones por las cuales sientes que deberías hacerlo.

....

....

....

....

....

Ya atravesaste
todas las fases.
Te vaciaste, te buscaste,
te fuiste, volviste y
sobreviviste al caos. No
para eliminarlo, sino para
entender que era parte del
orden que estabas creando.
Ahora sabes que el principio
y el final no son opuestos.
Son parte del mismo
movimiento.
Porque renacer no borra lo
anterior, solo lo acomoda.
Atentamente, el caos.

LUNA MENGUANTE

L M M J V S D

/ /

No tengas miedo de sentarte en la primera fila de tu vida

Hoy estoy agradecida por:

*
*
*

Miedo que quiero enfrentar hoy:

*
*
*

Momento favorito del día

Afirmaciones

¡Háblate bonito!

Lo que aprendí hoy fue...

PM

LUNA MENGUANTE

L M M J V S D

/ /

No tengas miedo de sentarte en la primera fila de tu vida

Hoy estoy agradecida por:

*
*
*

Miedo que quiero enfrentar hoy:

*
*
*

Momento favorito del día

Afirmaciones
¡Háblate bonito!

Lo que aprendí hoy fue...

PM

LUNA MENGUANTE

L M M J V S D

/ /

No tengas miedo de sentarte en la primera fila de tu vida

Hoy estoy agradecida por:

-
-
-

Miedo que quiero enfrentar hoy:

-
-
-

Momento favorito del día

Afirmaciones

¡Háblate bonito!

Lo que aprendí hoy fue...

PM

LUNA MENGUANTE

L M M J V S D

/ /

No tengas miedo de sentarte en la primera fila de tu vida

Hoy estoy agradecida por:

*
*
*

Miedo que quiero enfrentar hoy:

*
*
*

Momento favorito del día

Afirmaciones
¡Háblate bonito!

Lo que aprendí hoy fue...

PM

LUNA MENGUANTE

L M M J V S D

/ /

No tengas miedo de sentarte en la primera fila de tu vida

Hoy estoy agradecida por:

*
*
*

Miedo que quiero enfrentar hoy:

*
*
*

Momento favorito del día

Afirmaciones

¡Háblate bonito!

Lo que aprendí hoy fue...

PM

LUNA MENGUANTE

L M M J V S D

/ /

No tengas miedo de sentarte en la primera fila de tu vida

Hoy estoy agradecida por:

*

*

*

Miedo que quiero enfrentar hoy:

*

*

*

Momento favorito del día

Afirmaciones

¡Háblate bonito!

Lo que aprendí hoy fue...

PM

LUNA MENGUANTE

L M M J V S D

/ /

No tengas miedo de sentarte en la primera fila de tu vida

Hoy estoy agradecida por:

*

*

*

Miedo que quiero enfrentar hoy:

*

*

*

Momento favorito del día

Afirmaciones
¡Háblate bonito!

Lo que aprendí hoy fue...

PM

LUNA MENGUANTE

L M M J V S D

/ /

No tengas miedo de sentarte en la primera fila de tu vida

Hoy estoy agradecida por:

*

*

*

Miedo que quiero enfrentar hoy:

*

*

*

Momento favorito del día

Afirmaciones
¡Háblate bonito!

Lo que aprendí hoy fue...

PM

CUARTA FASE

Renacer

Luna Menguante
Propósito y reflexión

"Todo cambio profundo empieza con el silencio de uno mismo".

Eckhart Tolle

28... JURO QUE NO SÉ EN QUÉ MOMENTO HAN PASADO todos estos años, pero sé que no es ni la mitad de lo que seguramente viviré. No sé en qué momento de tu vida estés leyendo esto, cuánto tiempo habrá pasado desde que se haya publicado este *journal* y esté en tus manos, pero lo cierto es que lo escribí y lo empecé cuando tenía 27. Creo que es una de las edades más difíciles, retadoras, introspectivas, dolorosas, sanadoras, espirituales, rabiosas... Dicen que hay un club de los 27 de personas que no pudieron continuar con su vida. Mi mamá me cuenta que a sus 27 también vivió muchas cosas: se divorció, le dio un giro de 180 grados a su vida y se sentía fuera de lugar y perdida.

Hay algo en esta edad que te complica la existencia; mil cuestionamientos salen a la luz sobre ti y lo que has hecho y no has hecho. Es como si pudieras reconocer lo que hiciste en tus 20, pero a la vez te agobia porque ya casi vas a salir de ellos y sabes que no podrás ser más "esa niña", sino que ya vas a ser una mujer, una adulta, ya no hay excusas, ya la estupidez excesiva de decir "soy joven" no existirá más, y creo que eso asusta. Duraste 27 años con la posibilidad de encontrar argumentos en tu niñez y en tu juventud para justificar decisiones y comportamientos o hasta para no hacer cosas porque eras niña, adolescente y muy joven. Si ya pasaste por esa etapa, es muy probable que te hayas sentido así también en algún momento: desorientada, como buscándote de nuevo, tratando de ver qué podías lograr aún, pero también descartando un par de metas o sueños que ya definitivamente no podrán ser o ya no tienen un sentido como lo tuvieron años atrás, y creo que eso duele y, sobre todo, asusta.

Mis queridos 27 fueron necesarios, pero me hicieron sentir en duelo con una Valeria que ya no existía más. Al principio me costó mucho reconocerlo, bajé de peso y creo que tuve depresión en grado uno, porque me sentía ajena a la vida por la que tanto había trabajado durante siete años, pero ya no se sentía como mía y sobre todo honesta. Perdí millones de amigos o, más bien, los dejé ir, ya que era la única que sostenía el lazo entre ellos y yo. Cuando lo solté, se fueron también con esa cuerda. Mi trabajo tuvo que parar un momento y tuve que repensar cómo hacerlo porque ya todo lo que hacía no se sentía como antes; al contrario, me hacía infeliz. Tuve muchos problemas con mis padres, como nunca antes, incluso más que en mi adolescencia, creo que pude ver muchas de nuestras realidades y, más que sentirme mal, sentí mucha rabia, me parecía injusta la vida y los culpé injustamente, pero asimismo tuve que sanar y trabajar ese dolor yo sola. Aún sigo en el proceso.

En mis 27, escuché y entendí por primera vez eso de: "Solo tú puedes salvarte, nadie más". Eso me dolió, entender que no era culpa de mis padres, de mi trabajo, de mis malos amigos, de mi novio, de un exnovio, de los *haters* del internet, de nadie, absolutamente nadie; que nadie tenía la culpa de nada de lo que me pasaba o sentía, era solo la vida, las circunstancias y, al final, tú decides cómo llevarla, cómo sanar y perdonar, no para los demás, sino para ti, para estar bien contigo misma y tener la vida plena que mereces porque nadie vino a la vida a sufrir. Levantarte de la cama sintiéndote muy mal, esperando encontrar culpables y tener las excusas perfectas para hacer o no hacer fue gran parte de mi vida a los 27 años, me costó casi el año entero salir de ahí y poder mirarme al espejo con honestidad y comprender que la única que podía hacer algo por esa chica que lloraba desconsoladamente mientras se encerraba en el baño era yo. Puede que no te pase a los 27, sino a los 28, a los 30 o diez años después, nada está escrito en esta vida, pero estoy segura de que este primer cambio de ciclo tan abrupto, por lo menos en la vida de la mujer, sí ocurre.

La realidad es que esto está conectado con nuestro ciclo menstrual de 28 días, con el ciclo de la luna que se da entre 28 y 30 días; algo cambia en ese número de tiempo y yo, sin duda, lo sentí más que nunca a mis 27. Cambié y cambió todo sobre mí y a mi alrededor cuando cumplí 28; se acabó una fase, un ciclo, y empezó otra.

Querida amiga:

¿Qué más te puedo decir? Todo lo que te quería compartir te lo regalé en este journal, en una versión muy resumida de lo que ha sido mi vida hasta ahora y que seguro en algo coincide con la tuya. Todavía me queda tanto por vivir, pero, como lo puedes intuir, estas páginas sí resumen una parte de una Valeria que ya no es. La amé, la recuerdo e incluso a veces la extraño, pero la vida no es lineal, no es cíclica: cambia, se acaba y empieza muchas veces, por eso dicen que naces y mueres constantemente a lo largo de tu vida y nadie es para siempre el mismo. Honestamente creo que esto es de mis cosas favoritas de estar viva: tener la posibilidad de cambiar, cambiar y cambiar las veces que sean necesarias para encontrar nuevas respuestas, para ser nuevas versiones, para descubrir cosas distintas, para siempre ver más allá y que, cuando el viaje se nos acabe, solo sintamos que exploramos la maravilla de estar vivos y no de solo haber existido.

La importancia de la gratitud

Quiero que te abraces, llegaste hasta aquí y eso solo significa que estás buscando transformarte, evolucionar y sanar, lo estás logrando, te abrazo fuerte también.

Ahora te invito a que escribas la palabra GRACIAS y, sin pensarlo mucho, también los nombres de personas, lugares, actividades, libros, canciones, etcétera por las que te sientas agradecida hasta ahora.

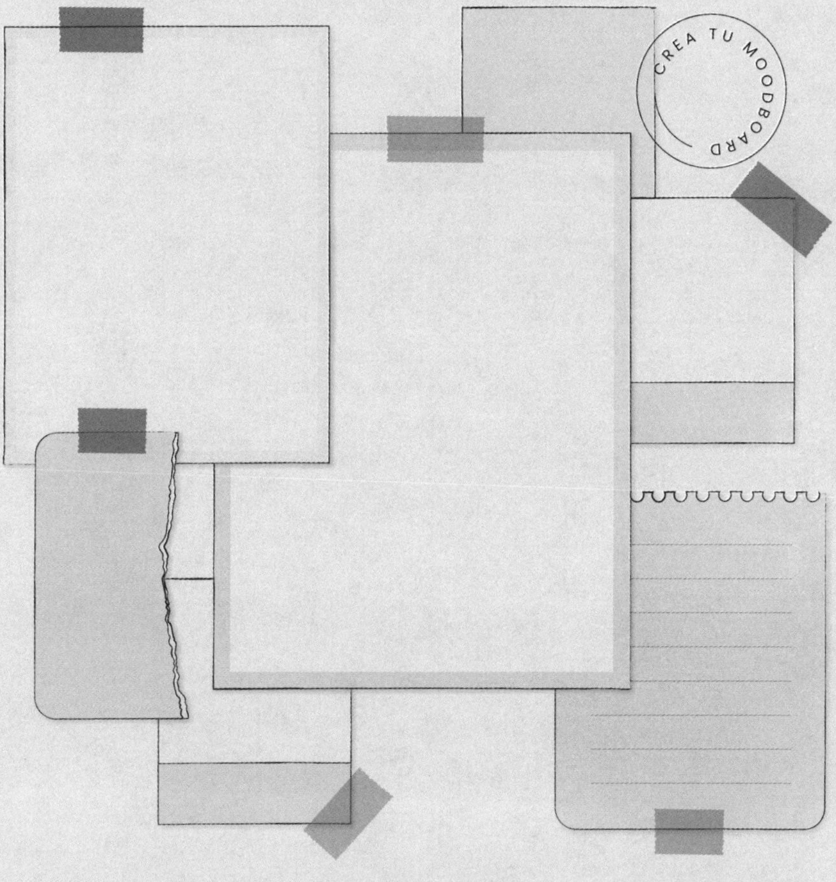

Completa la frase: Hoy dejo ir _________ y creo espacio para recibir ________.

¿Qué te gustaría empezar hoy en ti? (Puede ser una actividad, un cambio personal, un hábito). Yo, por ejemplo, estoy intentando irme a dormir más temprano y madrugar, aparentemente un propósito muy bobo, pero si supieras lo que a mí me cuesta.

Mensaje para el futuro

Escribe una lista de metas, deseos y afirmaciones para tu "yo" del futuro. Luego, recorta la página por la línea punteada, séllala con cinta y guárdala en un lugar que vayas a recordar más adelante. Guarda la fecha y ábrela nuevamente en dos años.

Llama a alguien que cambió tu vida de alguna forma o que te hizo muy feliz y déjaselo saber. La vida es corta. Registra aquí a quién llamaste y por qué.

¿Qué cambio sentiste que se dio en ti después de leer este libro y de escribir en él todos los días?

¡Muchas felicitaciones! Has llegado al final, a la cuarta fase lunar, completando este ciclo de transformación. Cierra este *journal* no solo como si hubieras terminado de leer un libro, sino también un capítulo simbólico de tu vida. También es una oportunidad para que puedas reflexionar y realices estos últimos ejercicios.

Piensa en la versión tuya que comenzó este *journal*. ¿Cómo describirías a esa persona?

Ahora que llegaste al final, ¿qué pensamientos, emociones o partes de ti sientes que dejaste atrás?

¿Hubo alguna verdad que te costó aceptar durante este proceso, pero que ahora agradeces haber enfrentado?

Si pudieras escribir una frase dirigida a la persona que serás dentro de cinco años, ¿qué le dirías sobre lo que aprendiste aquí?

Para terminar, escribe tus últimas palabras en estas páginas como un acto de cierre y siembra para el futuro. Recuerda que completar este ciclo no es el final, sino el inicio de uno nuevo.

LUNA MENGUANTE

L M M J V S D

/ /

No tengas miedo de sentarte en la primera fila de tu vida

Hoy estoy agradecida por:

★

★

★

Miedo que quiero enfrentar hoy:

★

★

★

Momento favorito del día

Afirmaciones
¡Háblate bonito!

Lo que aprendí hoy fue...

PM

LUNA MENGUANTE

L M M J V S D

/ /

No tengas miedo de sentarte en la primera fila de tu vida

Hoy estoy agradecida por:

★

★

★

Miedo que quiero enfrentar hoy:

★

★

★

Momento favorito del día

Afirmaciones
¡Háblate bonito!

Lo que aprendí hoy fue...

PM

LUNA MENGUANTE

L M M J V S D

/ /

No tengas miedo de sentarte en la primera fila de tu vida

Hoy estoy agradecida por:

*
*
*

Miedo que quiero enfrentar hoy:

*
*
*

Momento favorito del día

Afirmaciones
¡Háblate bonito!

Lo que aprendí hoy fue...

LUNA MENGUANTE

L M M J V S D

/ /

No tengas miedo de sentarte en la primera fila de tu vida

Hoy estoy agradecida por:

★

★

★

Miedo que quiero enfrentar hoy:

★

★

★

Momento favorito del día

Afirmaciones

¡Háblate bonito!

Lo que aprendí hoy fue...

LUNA MENGUANTE

L M M J V S D

/ /

No tengas miedo de sentarte en la primera fila de tu vida

Hoy estoy agradecida por:

*

*

*

Miedo que quiero enfrentar hoy:

*

*

*

Momento favorito del día

Afirmaciones

¡Háblate bonito!

Lo que aprendí hoy fue...

PM

LUNA MENGUANTE

L M M J V S D

/ /

No tengas miedo de sentarte en la primera fila de tu vida

Hoy estoy agradecida por:

*

*

*

Miedo que quiero enfrentar hoy:

*

*

*

Momento favorito del día

Afirmaciones
¡Háblate bonito!

Lo que aprendí hoy fue...

PM

LUNA MENGUANTE

L M M J V S D

/ /

No tengas miedo de sentarte en la primera fila de tu vida

Hoy estoy agradecida por:

-
-
-

Miedo que quiero enfrentar hoy:

-
-
-

Momento favorito del día

Afirmaciones
¡Háblate bonito!

Lo que aprendí hoy fue...

PM

LUNA MENGUANTE

L M M J V S D

/ /

No tengas miedo de sentarte en la primera fila de tu vida

Hoy estoy agradecida por:

*

*

*

Miedo que quiero enfrentar hoy:

*

*

*

Momento favorito del día

Afirmaciones

¡Háblate bonito!

Lo que aprendí hoy fue...

PM

Hoy no solo cierro este *journal*; cierro un ciclo en mi vida. Me llevo las verdades que descubrí y las semillas que sembré. Estoy lista para lo que sigue.

Nuevamente, gracias por llegar hasta aquí.

Con amor, Valeria.